TURNER STYLE LATTE ART BOOK

ターナースタイル　ラテアートブック

田中大介

JN110008

はじめに

ラテアートの
プロフェッショナルとして歩み

　皆さんこんにちは。この本を書かせていただきました、Turner（ターナー）こと田中大介です。この本を手に取られた皆さんは、どのような人たちでしょうか？　ラテアートが好きな人、ラテアートが上手くなりたい人、今は学生で、これから飲食の道を志すため専門学校に通おうと思っている人、脱サラしてコーヒーショップをオープンしようと考えている人……色々な人がラテアートに興味をもっていて、この本を手に取り、ご自身のスキルを向上させようと考えているのではないでしょうか。

　私はバリスタという仕事に就いて10年余り。最初はコーヒーが全く飲めず、それこそ「生きていくために」この仕事を始めたのがきっかけです。独学で身につけたハートのラテアート。これをお客様に提供した時に目にしたお客様の笑顔。この瞬間が本当に幸せでした。日々の原動力となりました。昨日よりも今日、今日よりも明日「上達するように」と、バリスタの仲間と切磋琢磨しながら技術を磨き、やがて目標とするものが無限大に大きくなり、気がつけば2015年アメリカ・シカゴで行われたラテアート世界選手権（COFFEE FEST LATTE ART WORLD CHAMPIONSHIP in CHICAGO）で優勝するという結果にまで結びつきました。その頃にはコーヒーを飲む時間が大好きになり、コーヒーがライフワークを豊かにするかけがえのない存在に変わっていました。

　世界選手権で優勝してから、全国でセミナーやコーヒーのディレクションを続けていく中で、日本全国にいるバリスタが何かしらの悩みを抱えていることを知りました。
　私にとってこの仕事を始めた時の悩みは2つ。一つは、「コーヒーの味がわからない」こと。何がおいしいのかという判断もできませんでした。元々コーヒーが嫌いだったのもそうですが、自分に合うコーヒーを探すには時間がかかりました。活動を通じて、いろんな情報から自分のレベルは高まったものの、私のように始めたての頃、悩んでいた人、また、現在も悩んでいる人が意外にも多いのではないでしょうか。そしてもう一つは、「ラテアートのやり方がわからない」こと。動画を見ても全くと言っていいほどわからない状態からのスタートでした。ロゼッタ（日本では一般にリーフと呼ばれている非常に有名なモチーフ）を習得するのにも3年を要すほど自分にとってラテアートは不得意の分野だったと思います。コーヒーの味がわからなくて、ラテアートもセンスがあるとはとてもじゃないけど言えない腕前だったのです。そんな私が、日本中で同じ悩みをもっ

ている人たちを見た時に、きっと役に立てることがあるんじゃないかと思ったのです。コーヒーを飲めない私が、コーヒーを飲めるようになり、それだけでなくカフェのブランディングから商品開発までも任されるような存在になり、ラテアートにおいても、誰よりも技術の向上に時間を要した私が、世界チャンピオンにまで上り詰めることができた。このプロセスを人に技術とともに伝えられる今の仕事は天職だと思いました。

　全国でセミナーなどを行っていると、私の上達のスピードよりもはるかに早いスピードで上達していく人をたくさん目にします。もちろん、独学で行う場合と指導を受ける場合とでは成長のスピードは違うでしょう。しかし、それを見越した上でも全国に身を潜めるバリスタの皆さんには驚かされるばかりです。自分の才能に気付けずにやめていく人や、もっと本気で頑張れば今見る世界よりもさらにすばらしい世界が待っているかもしれないのに志半ばでやめていく人、そんな人たちを、なんとか私の力でサポートすることができないか。そう思い始めたのが2018年のこと。そこからいつか自分の〝ラテアートブック〟を出したいと考え、自主での執筆活動や出版社への売り込みを始めます。何が正解かもわからない状態でしたが、とにかく行動を続けたところ、カフェ・コーヒー専門誌『CAFERES』（株式会社旭屋出版）でラテアートの連載をすることが決まりました。その後も小説にできるほどテキストを書きためたり、図解をおこしたり。自分の未来のため、この業界の未来のために空いた時間は費やしました。この行動をやめることなく続けた結果、『CAFERES』の連載を再編集・加筆して本にするという書籍発売のお話をいただきました。それを聞いた時は「あきらめずに続けてきて本当に良かった」と心から思いました。そしてこうして皆さんとこの本を通じて出会えたこと、心より感謝しています。

ラテアートが好き、学びたい 人のための〝ラテアートブック〟

　コーヒー関連の本をカテゴライズすると、カフェ専門誌やコーヒーのいれ方の本であったり、エスプレッソに特化した本、バリスタのパーフェクトブックなど色々分かれますが、この本は〝ラテアートブック〟です。そして「ラテアートが好き！」という想いからこの世界に入ったバリスタの方だけでなく、自宅で趣味でされているホームバリスタの方も含めて、そういった方たちが一番楽しめる本にしました。もちろん、コーヒーの抽出で悩んでいる方もいると思います。この点に関しては、Chapter 1「TURNER STYLE 究極のカフェラテ」の中で、私が最もおいしいと思うカフェラテの作り方をもとに、エスプレッソなどにも少し触れるようにしました。続く Chapter 2では、ラテアート（基本と応用）60品の描き方を解説しています。この冒頭では「BASIC 5」という5種類のラテアートを取り上げています。BASIC 5とは、エスプレッソマ

シンを設置しているカフェやコーヒースタンドでまず覚えておくべき基本のラテアート。そして、この5つのモチーフさえ完璧に描くことができれば、世界中のほとんどのコーヒーショップで「ラテアートは合格」の評価がもらえると考えています。カフェラテの作成と基本的なラテアートに関して〝一人前〟と周囲から認められるレベルにまでたどり着くことが可能です。BASIC 5に続いては応用編（中級レベルを含む）のラテアートを紹介しています。応用編では単に技術を習得するだけでなく、その技術を自分らしく表現し、より高い水準に引き上げられるように解説を行っています。このレベルになるとラテアートの大会にも挑戦できるでしょう。また、専門学校の講師の方々やラテアート教室を開いている方でもご自身の解釈を織り交ぜて活用することが可能になると思います。

　コーヒーに対する評価は時代とともに変わっていきますが、そんな中でも常に時代を引っ張っていけるような人たちがこの本を通じて生まれることを心から願っています。

　今は大阪のコーヒーショップで大好きなアイスアメリカーノを飲みながら、この前書きを執筆しています。人生で私にとって初めての経験で、自分が想像する以上にたくさんの人たちにこれからこの本を読んでいただけるなんて思いもよりません。嫌いだったコーヒーがこんなにも好きになるなんて人生がどう変わりゆくか想像できません。私の人生を変えたラテアート。この素敵な世界を通じて皆さんにとって幸せな毎日が訪れますように。

田中大介

©XUAN LI

©COFFEE FEST

もくじ

Chapter 2
ラテアート基本編＆応用編

12 OZ　12オンスカップ

EXPERT　エキスパート

※本書は月刊誌『CAFERES』で連載した「FREE POUR LATTA ART TURNER STYLE」（2019年2月号〜
2021年春 / 夏号）を加筆・修正し、新企画を加えて再編集したものです。
※本書に掲載しているQRコードにアクセスできない場合は、ターナースタイルオフィシャルホームページ（http://www.turner-baristalife.com）から各動画にアクセスしてください。

Chapter

1

TURNER STYLE
究極のカフェラテ

美しくて誰でも親しみやすいカフェラテの誕生

　私がコーヒーを提供する仕事に就いてすぐに虜になったラテアート。コーヒーの知識は皆無。エスプレッソの味わいもろくに知らない状態で始まった私のコーヒーライフでは、お客様に喜んでいただけるとても大切なツールでした。今となってはコーヒーが大好きで、お店でオーダーするアメリカーノ（エスプレッソをお湯、または水で割ったもの）を飲んだ時、自分の好きなブレンドだったりすると、その味でコーヒー豆のエイジング（焙煎された日から何日経過しているか）が大体わかったり、抽出の量や秒数までもがわかることもあるほど味覚も良くはなりましたが、当時は「コーヒーなんて嫌い」という状態でのスタートだったので右も左もわからず、すべてにおいてクエスチョンマークだらけでした。30代目前でこの仕事に就いたためバリスタが本来ステップアップするプロセスとは異なったアプローチで歩んでいたのは確かだったでしょうし、それでもコーヒーを扱う人として恥じない自分を探し出すにはとても苦労したのを覚えています。

　そんな自分にとって救いとなったのがカフェラテでした。ミルクに合わせると飲めないエスプレッソのほろ苦さが絶妙にマッチする。もちろんバランスが悪いと、その味わいは苦手なものに近づくので、そうならないようにエスプレッソをおいしくするための調節を始めることができました。

　私の勤務したお店では深煎りのコーヒー豆を使用していました。何もわからない状態であったにも関わらず「リストレット」という抽出を知らぬ間にやっていたのは今となっては驚きですが、その抽出ならではのコクや口当たり、凝縮された苦味と甘みの存在が、バリスタとして未熟だった頃の私の作るカフェラテの味を補ってくれたのだと思います。

　ラテアートの技術においても、私は人よりも細かく繊細な動きが得意とか、手先が器用とか、決してそういう人間ではないのです。そんな私が「ラテアートで世界一になろう」と思い、後に引かなかったため、自分でも勝てる方法を必死に考えました。自分が勝つための秘策がたくさんあった中で、「究極のカフェラテ」という点で一つフォーカスすると、それはラテアートを描く時のかさ上げ（キャンバス作り）の質にあります。

　このかさ上げの時にどのような角度で注ぐべきか、フォームドミルク（カフェラテ、カプチーノを作る際に温められた泡の入ったミ

ルクのこと）が完成した際、それが今どのような状態でどのような
質感なのかを理解してカップに注いだら、苦手な手の細かい動きな
どを補えるようになるのではないかと必死に研究しました。その結
果、ラテアートを描く技術が大きく向上するだけでなく、出来上が
ったカフェラテは口当たりやエスプレッソとフォームドミルクの調
和がすばらしいものになりました。「ラテアートを描くのが楽しい」
「もっとおいしいカフェラテを作りたい」という一心で続けた結果、
究極のカフェラテと言えるくらい大切な技術が備わったのです。

　エスプレッソには必ず含まれるクレマというものがあります。ク
レマとはエスプレッソの表面に浮かぶきめ細かいクリームのような
泡のことで、香り高くラテアートを描く上でもとても重要な存在で
す。このクレマとフォームドミルクをどのように混ぜ合わせていく
かによって味は大きく変わります。

〝ターナースタイル〟の究極のカフェラテは、このクレマの層が極め
て薄いので、口に入れた瞬間にクレマの味わいと完全に調和された
エスプレッソとフォームドミルクが同時に口の中に含まれていきま
す。薄いクレマの層で感じられるほろ苦さはまるでプリンのカラメ
ルのような味わい。これなら、私のようなコーヒーが苦手な方でも
おいしく飲めるに違いないと考えるようになり、結果、先ほど述べ
た注ぎ方で自分の武器となる「ウィング」というラテアートのベース
となる部分のエレガントさや、カップ全体の印象を高める濃淡や色
の配分（コントラスト）の美しさを表現することを身につけ、世界選
手権優勝に結びつくこととなったのです。

究極のカフェラテ作りを通して技術向上を

〝究極のカフェラテ〟と偉そうな表現にはなってしまうかもしれませ
んが、これだったら楽しく飲める人ももっと増えるでしょうし、ラ
テアートの技術もコーヒーへの理解も同じペースで高められるでし
ょう。ラテアートから入った私だからこそ、同じようなスタートを
切った方へのスムーズな提案ではないかと思い、そう名付けました。
　この後のページでは「究極のカフェラテ」を作る技術として〝ター
ナースタイル〟のエスプレッソ抽出やミルクのスチーミングについ
て解説しています。これらの後に続くラテアートの基本5種「BASIC
5」と掛け合わせると、本当に描きやすく、おいしいカフェラテが完
成します。このラテアートスキルを手に入れるための最高のメソッ
ドをぜひインプットしてください。

エスプレッソ（左は浅煎り、右は深
煎りのコーヒー豆を使用）とシルキ
ーでなめらかなフォームドミルクで
描かれたカフェラテ。

1 TURNER STYLE
究極のカフェラテ

TURNE
STYLE
theUl
Cafe

究極のカフェラテに欠かせないエスプレッソ

エスプレッソの定義

エスプレッソとは1オンス（30㎖±5㎖）の液量のドリンクをさします。さらにエスプレッソには「クレマ」が存在します。そして他のコーヒーにはない濃厚な味わいと、独特のとろみ（タクタイル）があります。クレマはおいしいエスプレッソを飲む上では欠かせない存在として考えられています。

〝ターナースタイル〟のこの本で紹介するのは、ダブルのポルタフィルターの片側から注がれる「シングルショットの抽出」と、一般的にはラテアートに向いている「ダブルリストレット」という2つの抽出法です。これらの抽出レシピに関しては、エスプレッソについて上記の定義があるということを踏まえた上で、カフェやコーヒースタンドで私が推奨している方法を紹介します。

出したい味わいをイメージする

おいしいエスプレッソを抽出するためには、コーヒー豆の風味などの特徴への理解はもちろん、エスプレッソマシンを扱う技術や知識、そして「適切な粉量の使用」「適切なメッシュ（豆の挽き目）」の調節を行うことがとても重要です。正しい動作でドーシング（豆を挽いてポルタフィルターに入れること）とレベリング、タンピングをして、自分のイメージしたコーヒーを抽出します。

エスプレッソを適正かつ高品質に抽出するためには、どのような味わいを出したいかを考えることもとても重要です。たとえば「カフェラテにした時にキャラメルやナッツのような香ばしさを出したい」場合だと、私の場合はブラジルの豆は必ずブレンドの中に使用します。そして焙煎度合いも中深煎り前後まで焼いた豆を使用したい。また「カフェラテにした時に甘酸っぱい酸味とミルクティーのような味わいを出したい」のであれば、エチオピアのイルガチェフェという代表的なコーヒーを中煎り程度に焙煎した豆を使う、など。言い出せば一冊の本では話し切れないほどたくさんの表現のカタチが生まれます。

本書はラテアートをテーマとしているため、動作の方法やさらに細かい説明

e Espresso

2

は省き、大まかな抽出レシピでより多くの人が理解しやすい内容にまとめました。まずは「〝ターナースタイル〟のラテを作るためのエスプレッソ」というようなイメージを浮かべながらそれぞれの抽出について学びましょう。

TURNER STYLEのエスプレッソ抽出

基本の抽出とダブルリストレットの抽出

　「シングルショットの抽出」は最も基本的な抽出方法で、粉量に対して倍量のエスプレッソを抽出するというもの。抽出時間は一般的には20秒〜30秒で、抽出が早いと酸味が出やすく軽い印象のエスプレッソになり、抽出に時間がかかると、早い抽出に比べて酸味が少し抑えられてビターな印象になり、口当たりもしっかり感じられます。このような抽出時間による味の出方の傾向を理解して味づくりをします。この抽出の特徴は、コーヒーが持つ成分である心地の良い口当たりやアロマ、フレーバーなどがバランスよく含まれること（適正な抽出が行われた場合）。

　1回のエスプレッソ抽出で使用するコーヒーの粉量はお店によって違いますし、使用するフィルターバスケットの大きさでも変わってきます。たとえば、20グラムの粉量で、平均的なレシピを参考に抽出した場合、抽出時間は20秒〜30秒、抽出量は粉量の倍、この条件では40グラムの抽出と考えます。これに対し、豆の挽き目を粗く調節することによって抽出が早くなります。また、細かくすることによって抽出が遅くなります。そして豆の量を少し増やせばポルタフィルター内の粉量が多くなるため抽出のスピードは遅くなり、反対に少なくすればそのスピードは早くなります。

　〝ターナースタイル〟でこの抽出をする場合、上記よりも抽出量を少し少なめに設定します。主に使用する豆の種類（焙煎度合い）は浅煎りから中煎りの豆。ダブル（2口）のポルタフィルターの片側部分だけを使用して上記と同じ豆量20グラムを使用した場合、抽出量34グラム（±4グラム）あたりで味の調整

2 エスプレッソを学ぶ

How to Mak

をします。このレシピによって、エスプレッソの質感・風味とフォームドミルクの配合が自分好みでアフターテイストもすばらしいものになる。ですので、前述の範囲内で、基本的なエスプレッソの味づくりが適正だと考えます。

　もう一つの抽出はリストレットという方法で、一般的に粉量と同量のエスプレッソを抽出します。たとえば20グラムの粉量の場合、ダブルのポルタフィルター両方合わせて20グラムの抽出を基準に考えます。抽出時間はおよそ25秒前後ですが、45秒以上かけてゆっくりと抽出し、かつ量もさらに少なく抽出するお店もあります。この抽出の特徴は、ゆっくりいれることにより成分が凝縮されるため、力強いコクや濃厚な風味が味わえること。特に中深煎り、深煎りの焙煎豆に合った抽出方法の一つであり、焙煎で深めに焼かれたことによる、ナッツやチョコレートのようなフレーバーがしっかりと引き出されて、カフェラテにも非常によく合い、ラテアートを描く上でも基本の抽出の場合よりもくっきりとした絵柄を表現しやすくなります。注意点として、抽出が早すぎると、非常に多くの酸味が出すぎてしまったり、口当たりも弱く印象の薄いコーヒーになる傾向があります。抽出が遅すぎると、雑味や渋みばかりが抽出されて本来の豆の良さを引き出すことができません。このようにリストレットの抽出は、基本の抽出とはまた違ったアプローチと注意が必要になります。

　いずれの抽出法でも、上質なエスプレッソを抽出するためには、日々何回もトレーニングをして、常に研究、鍛錬を重ねなければなりません。そしてお店のレシピや方向性を深く理解し、バリスタとしてお店の味を提供することが求められます。

Basic

エスプレッソ
シングルショットの抽出。

Double Ristretto

エスプレッソ
ダブルリストレットの抽出。

ボトムレスフィルターでの抽出

　ボトムレスフィルター（ネイキッドフィルター）はその名の通り、フィルターバスケットの裏面が露出しているため、全体から均等にエスプレッソが抽出されているかを確認できます。ここでの抽出が適正であれば、コーヒーの粉が均等にレベリングされて、タンピングも正しく行われている証拠です。ボトムレスフィルターは通常のポルタフィルターと違って、スパウトを通らないためクレマがしっかりとカップに注がれます。こ

れにより、ラテアートが描きやすい傾向であったり、ダークチョコレートのようなフレーバーを持った中深煎り、深煎りの焙煎豆などでは非常に香ばしい味わいが生まれます。デメリットとしては二股のスパウトで分岐できないので、2杯のエスプレッソを同時にいれられなくなるのと、抽出された液体がカップの外側に飛ぶことがあるのでカップが汚れやすいことなどがあります。

リストレットのエスプレッソを主体とするお店であれば、グループヘッドの高さ次第では直接注げるためカップが汚れやすいというデメリットが存在しますが、反対に上で述べたような通常のポルタフィルターとは違ったメリットも存在します。

Bottomless

ボトムレス（ネイキッド）フィルター。

ボトムレスフィルターを用いた抽出の様子。

挽き目と粉量の調整

エスプレッソは、豆の挽き目（メッシュ）の調整と使用する粉量（ドース）で味が決まります。一般的には「細かく挽くと苦味が出やすく、粗く挽くと酸味が出やすい」という認識で問題ありませんが、では、もともと苦味の少ない豆を細かく挽いてエスプレッソを抽出すれば苦くなるのかというと、そうではありません。あくまでその豆が持っている苦味特性を理解して抽出します。

苦味成分が少ない豆の場合は、苦味が強く出たとしても感じられる苦味はそれほど強くありません。どの産地の豆を使い、どのくらいの焙煎度合いの豆を使うかで味の出方は全く違います。

下の表は、挽き目と粉量の調整において、味の出方の傾向を示したものです。皆さんの使用する豆と照らし合わせて参考にしてください。

挽き目・粉量と味との関係

挽き目・粉量	味の傾向
メッシュを細かくする（※）	より成分が多く引き出されるが、細かすぎると塩っぽく感じたり、口の中で引っかかるような後味が感じられる。
メッシュを粗くする（※）	酸味が多く引き出されたり、フルーティーな味わいを感じやすい。
メッシュが粗すぎる（※）	舌先で刺激を感じたり、コーヒーにした場合に味が軽すぎる印象になる。
同じメッシュで粉量を減らす	抽出速度は早くなり、濃度は薄まり酸味を感じやすい。
同じメッシュで粉量を増やす	抽出速度は遅くなり、濃度は濃くなり酸味が抑えられる。

※同じ粉量での抽出をした場合。

エスプレッソ抽出の手順と要点

　エスプレッソを抽出するための手順はとても重要ですが、本書では特に注意すべき点のみを記述しました。

コーヒー豆をグラインダーにセットする

- 焙煎された日から抽出する日までの時間経過（豆のエイジング）を常に把握する。
- ブレンドの豆を使用する場合、配合や比率もわかる場合は必ず覚えておく。
- 焙煎豆のカップコメントも理解して、そのイメージをもってアプローチする。

挽き目と粉量の調整

- 日々の営業での抽出の大まかな目安（粉量、抽出時間、抽出量、味わい）から、豆の挽き目（メッシュ）と豆の粉量（ドース）を調整する。
- 酸味や甘み、濃度のバランスを整えるために、それぞれの出る味の傾向を知ること。それらをノートなどに記録することにより日々のアップデートにもつながる。自分なりのアプローチを作る必要がある。

豆の挽き目と粉量の調整はバリスタが毎日行うべき業務の一つ。

レベリング

　ポルタフィルターのバスケット内にバランスよく挽いた豆（粉）を詰める作業。手のひらや指先を使ったりポルタフィルターを叩いたりして粉を均一にすることが主流だったが、最近ではOCD / ONA Coffee Distributorというディストリビューターを使って比較的容易にレベリングが正確に行えるようになった。このレベリングが適正に行われないと、粉の密度が不均一になり、9気圧という高い圧力で押し出されるお湯は粉の密度が低いところを見つけて、そこから多くのお湯が抜けてしまうためその部分は過抽出、それ以外の部分は未抽出となり、バランスの悪いエスプレッソが抽出される。

タンピング

　タンパーを使用し、ポルタフィルター内のコーヒー粉の密度を高めていく。エスプレッソマシンの9気圧という高い圧力で抽出されるため、タンピングが適切に行えていない（力が弱すぎる、水平ではなく曲がってしまっている、など）と正しい抽出は行えない。

フラッシング

　抽出口よりお湯を空出しすること。エスプレッソを抽出した後はグループヘッドにコーヒーが付着しているため、抽出前には必ずフラッシングを行いグループヘッドをきれいに保つ。グループヘッドの温度を保つためにも重要な作業。

Leveling

ドーシングした粉を、
OCDを使用してレベリングする。

Tamping

エスプレッソの抽出で
最も重要な作業の一つ、タンピング。

Flushing

抽出前に必ず行うフラッシング。

Handle Cups and Pitchers

3 カップとピッチャーの扱い方

カップの扱い方

衛生面に細心の注意を払う

ミルクのスチーミングについて説明する前に、カップの持ち方や構え方、ピッチャーの正しい扱い方を確認しましょう。ラテアートの上級者においても、この点がしっかりできていない人もたくさんいます。しかし、これらは最も基本的な技術の一つだと私は考えます。ここをしっかり押さえるのと押さえないのでは技術向上のスピードも大きく変わってくるので、ここで根気よくカップについても深く向き合っていきましょう。

カップを扱う時、さまざまな注意が必要です。たとえば、フォームドミルク（以下ミルク）をエスプレッソの入ったカップに注ぐ際、お客様が口をつける部分に触れながら注いでいるシーンをよく見にします。この、お客様が口をつける部分に触れてカップを持つことなどは特に注意しなければなりません。洗ったカップをエスプレッソマシンの上に置く際も、カップのふちには触れないよう十分に注意しましょう。

美しいラテアートを注ぐことに集中しすぎて、基本的なことができなければすべてが台無しです。衛生面には常に注意して業務を行ってください。

カップの正しい持ち方（飲み口に手を触れない）。　　カップの下の方や取っ手をつかんで扱う。

BAD

①—③のラインは体の向きと
平行、②—④のラインは体の
向きに対して垂直になる。

3 How

位置関係や傾き具合を意識する

　実際にラテアートを注ぐ時にも注意しなければいけないことがいくつかあります。上の写真を見てください。通常カップは丸い形をしていて、カップには取っ手があります。ピッチャーでミルクを注ぐ際、最も近い位置を①とします。そしてカップの取っ手側を②、右利きの人が多いので右手でカップをつかんで飲むことを考えると、口をつける場所が③になります。カップを持ってラテアートを注ぐ際、最も自分の位置よりも遠い場所を④とします。まず、このそれぞれの位置関係を覚えましょう。そしてこの位置関係を常に意識して注ぐようにしましょう。少し集中力が切れて、この位置を見失ったり、また少しずれてしまっては、出来上がりのラテアートに大きく影響します。位置関係を常に把握してカップを扱うことが重要になります。

　通常右利きでピッチャーを持つ際、カップは取っ手側が手前にくるようにして左手で持ちます。この時に①と③に引いた直線と体の向きは平行になります。この平行ラインがいかなる時でも保たれていることが重要で、これくらいかな？という感覚ではなく完璧だと言い切れるくらいしっかりと平行状態を確認してください。

　以上のことを常に意識し、俯瞰しながら描かなければなりません。かさ上げを行っている時も、かさ上げを終えて、実際にラテアートを描く際も。どのような場合でもカップの向きや傾斜を常に確認しながら動作を行うことが重要です。

赤と青
この角度とラインが
左右対称

カップを上から見た場合、エスプレッソとミルクが入った状態だと写真のようにカップの先端（①の部分）から左右対称に液体が広がっていくのが見て取れる。この左右対称を維持しながら、この後説明する「かさ上げ」や実際のラテアートを注ぐ際にも左右対称に注意して注ぐ。

ピッチャーの扱い方

ピッチャーの種類

　ミルクピッチャーには、持ち手がついたハンドルタイプと、直接つかんで振るタイプ（耐熱ゴム使用）のハンドルフリータイプがあります。またピッチャーの注ぎ口（スパウト）の形状も、細めで細かい線や模様を描くのに適した「シャープスパウトタイプ」という形から、ミルクの流れをより効率よく操りやすい「ラウンドスパウトタイプ」があり、さらにメーカーや、製造ロットでも違いがあります。自分に合ったピッチャーを探すのもラテアートをやる上での楽しみの一つと言えるでしょう。

ハンドルタイプのピッチャー

ハンドルフリータイプのピッチャー

「ペン持ち」の持ち方

ピッチャーの握り方

　ラテアートを描く上でピッチャーを正しく扱うということはとても重要です。ただ単に握りやすい持ち方をしてミルクを注いでも、実際にミルクが流れていく方向は理想とは大きくずれてしまうことがあります。

　ハンドルタイプのピッチャーを使用する場合、〝ターナースタイル〟のピッチャーの持ち方はいわゆる「ペン持ち」と呼ばれる方法です。ほかには握り拳のように握る方法もあります。私は最初、握り拳のような持ち方でピッチャーを扱っていました。この方法でもペン持ちタイプと同じように操ることは可能ですが、大会などで極度の緊張感がある時、私の場合はペン持ちの方が脳から手への細かな動きの情報伝達が正常に行われやすかったため、最近ではずっとペン持ちの持ち方で統一しています。

　Chapter 2 のラテアートの解説・動画では主にハンドルフリーピッチャーを用いていますが、ハンドルタイプのピッチャ

左／握り拳のように握る方法。
右／ハンドルフリーピッチャーの握り方の、良い例。

ーをペン持ちで扱うことができれば、肘の動かし方や手首の角度が全く同じであるためハンドルフリータイプも容易に扱うことができます。この2つのタイプのピッチャーの扱いに慣れればモチーフの幅もさらに広がります。

　ピッチャーの握り方は、手の大きさ、指の長さも人によって違うので「絶対こうだ」というようにひとくくりに説明することは非常に困難です。そこで、次の注意点と写真をヒントに、自分に合ったピッチャーの握り方を見つけてみましょう。

ピッチャーの握り方の注意点（適切な握り方とは言えない事例）

- ピッチャーを握っている時に指や手のひらのどこかが痛む。
- ピッチャーを持った手首を外側に曲げた時に腕のどこかが痛む。
- 体の向きと平行の状態でピッチャーを動かすことが困難。

手を広げた状態でピッチャーを持った時、腕の一部が痛む場合は持ち方を正す必要がある。

ハンドルタイプのピッチャーの握り方の、良い例。

手首が曲がり過ぎている

ハンドルタイプのピッチャーの握り方の、悪い例。

体の向きと平行にピッチャーを動かす。

ピッチャーの振り方

　実際にラテアートを描いたことのない場合や、初心者によくあるのが「ピッチャーは手首で振る」とイメージしてしまうことです。握り方にもよりますが、実際には手首はほぼ固定された状態で振ります。そして、手首が常に曲がった状態で振ることもあまりおすすめしません。

　"ターナースタイル"のメソッドでは、ハンドルタイプ、ハンドルフリータイプのどちらを用いた場合でも、手首を使ってピッチャーを振らず、肘の関節を動かして振ります。これはなぜかというと、ピッチャーを振ってラテアートを描く際、ピッチャーのスパウトの左右の動きの軌道は、体の向きに対して垂直に近いことが理想的です。正しくカップをつかみ、ピッチャーも正しく握って肘の関節から動かせば、ピッチャーのスパウトの軌道は体に対して垂直に近い線上でピッチャーを振ることができます。もし、手首で振ってしまうと、体の向きに対して垂直に近い軌道でスパウトを動かすことは、さらに困難です。肘からピッチャーを振り、実際にはピッチャーからミルクは流れるものの「肘からミルクが流れるイメージで振る」と、よりラテアートの上達が早くなるでしょう。

　ピッチャーの握り方や振る練習は、ミルクやエスプレッソがなくても十分練習できます。自宅でもキッチンでもお風呂でも、出勤前のお店でも無駄なく練習できるので、しっかりと練習しましょう。

ピッチャーの振り方の、良い例と悪い例

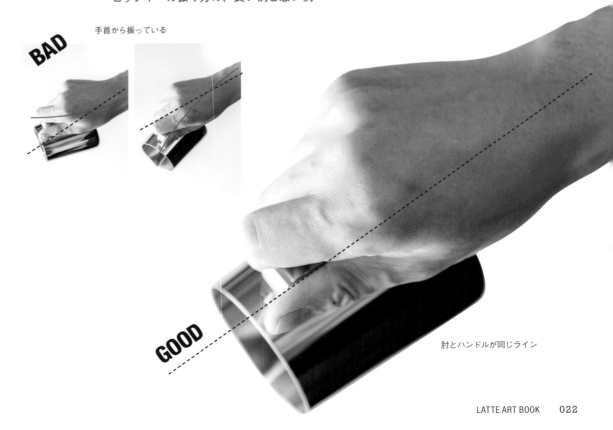

手首から振っている

BAD

GOOD

肘とハンドルが同じライン

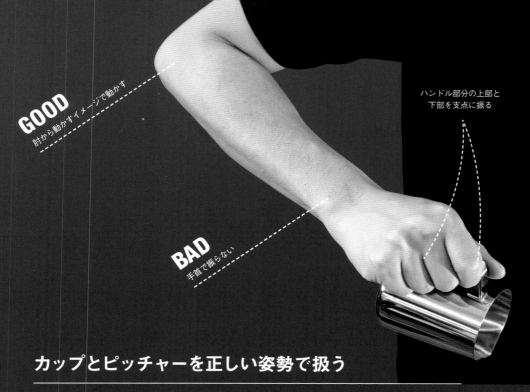

GOOD
肘から動かすイメージで動かす

BAD
手首で振らない

ハンドル部分の上部と
下部を支点に振る

カップとピッチャーを正しい姿勢で扱う

カップ、ピッチャー、体の向きを連動させる

　ミルクが理想どおりに流れるためには、まず体の向きとミルクの流れ方の関係を知り、どのような向きの時にミルクがどう流れるかを把握する必要があります。

　カップの①—③のラインが体の向きと平行になることは前に述べましたが、この平行ラインにピッチャーも連動させます。そのため、ピッチャーの背中（取っ手）の部分は平行にならなければいけません。要するに、体の向きとカップの①—③を結んだライン、ピッチャーのハンドル部分のラインがすべて平行になります。この関係性はとても重要で、少しのズレでラテアートのバランスが崩れてしまうので注意が必要です。だいたいこれくらいかな？という感覚ではなく、完璧な状態だと自信をもてるくらい何度も方向を確かめながらピッチャーを扱いましょう。

　エスプレッソの抽出とミルクのスチーミングができたら、できるだけ最短時間で注ぎ終えてカフェラテを完成させます。その分提供するスピードが早まるだけでなく、それぞれの素材を新鮮な状態で混ぜ合わせることができます。そのためにもカップとピッチャーを正しく扱うことが重要です。正しく扱うことができればラテアートが簡単になるだけでなく、カップ内でエスプレッソとミルクがしっかりと混ざり、味わいのよさにもつながります。

肘から動かし
ピッチャーを振る

ハンドルを支点に
スパウトが揺れる

Steam Milk

シルキーなフォームドミルクを作る

おいしさとラテアートの出来を左右するフォームドミルク

エスプレッソの抽出、カップとピッチャーの扱い方を習得したら、いよいよミルクのスチーミング。カフェラテやカプチーノを作る際に必ず習得しなければいけない作業です。

エスプレッソマシンのスチーム機能を用いてミルクを温め、泡と液体が一体となった「フォームドミルク」を作る方法を解説します。この作業を行う際、バリスタはエスプレッソマシンの前に立ちミルクをスチーミングしますが、マシンの前に立った時に客席を向いているような配置の場合は、客席からも注目されます。バリスタは常に魅力的でなければなりませんし、時にはお客様に声をかけてもらえたりもしますが、そんな中でも高度なスチーミング技術でおいしいカフェラテを常に提供しなければなりません。少しくらい注意散漫になっても遜色なく作るにはとても高い技術が要求されます。

カフェに行ってカフェラテやカプチーノを飲む時、ミルクの温度が高すぎたり、泡の量が不均一であったりすると、せっかく楽しみにしていた一杯のコーヒーへの期待はすべて消え去ってしまうほどです。毎日バリスタが向き合っていても、このミルクのスチーミング（フォームドミルク）のクオリティをキープするのは難しく、習得するには長い月日と現場での経験が必要になります。

美しいラテアートが描けても、スチーミングされたミルクの口当たりが悪かったり、温度が高すぎればすべてが台無しです。そもそも商品の価値がありません。反対にミルクの質が高ければ、ラテアートも描きやすく上達も早くなります。

シルキーでなめらかなフォームドミルク。

カフェラテに最適なフォームドミルク

カフェラテが出来上がった際のフォームドミルクの状態ではなく、ピッチャー内でスチーミングが完了した際の理想的なフォームドミルクの状態は次のようなものです。

- 光沢があり、泡が均一にきめ細かいのが目で見て取れる。
- ピッチャー内でミルクのかさが大幅に増えていない状態で、ピッチャーを揺らすと弾力が目で見て取れる。（大幅に増えた場合はどちらかというとカプチーノに属す）

実際に出来上がったカフェラテの温度を計り、その温度を日々チェックすること。その温度がお店にとって適正かを定めることも重要だ。

この2つの状態を確認できれば注ぐ上でも扱いやすいフォームドミルクになりますし、エスプレッソとの混ざり具合もカップ内で均等になりやすく、おいしいカフェラテを作りやすくなります。

4 ミルクのスチーミング

ミルクスチーミングの手順

スチーミングの3つの作業と3つの感覚

　ミルクの扱い方を学ぶ前に、ミルクそのものの性質や素材づくりに直結する技術を紹介しましょう。

　ミルクの泡（フォーム）は、スチームのノズルから出る水蒸気が空気中の空気を取り込むことにより、ピッチャー内のミルクと混ざり、牛乳に含まれるたんぱく質によって作られます。通常の牛乳には、乳脂肪が3.6％前後含まれていて、その乳脂肪によって気泡が安定化され、ふっくらとした質感になり、味もよく、気泡もしっかりと安定したものになります。低脂肪乳の場合、乳脂肪が少ないため、フォームが安定せず、すぐに乾いてしまいます。低脂肪乳でラテアートが難しいのはこのためです。

　スチーミングで泡を作る作業を「ボリュームアップ」といいます。スチーミングでは、このボリュームアップを早い段階で行うことがとても重要になります。この次に行うのが「テクスチャリング」で、ボリュームアップで作られた泡をきめ細かくします。ボリュームアップとテクスチャリングを効率よく行うために、ピッチャー内のミルクを上手く攪拌させなければなりません。そしてこれら3つの作業（ボリュームアップ、テクスチャリング、攪拌）を上手く行うことが、おいしいミルク、ラテアートを描きやすいミルクを作ることにつながります。

　スチーミングでは「視覚」「聴覚」「触覚」を頼りに、より質の高いミルクを完成させます。そしてこれらの感覚か

ボリュームアップとテクスチャリングを早い段階で完成させることにより、口当たりの良いおいしいフォームドミルクが完成する。

ら得られる情報から、フォームドミルクの質が手にとってわかるようになるまでは、繰り返しここへの意識を常に働かせてください。最初は難しいと思いますが、一瞬の音の違いでもピッチャー内のフォームドミルクがどのような状態に変化したのか、また、それをどのように扱えばよいかが瞬時に判断できるようになれば◎です。ここでの変化を感じ取れることは、美しいラテアートが描けることだけでなくカフェラテのおいしさにも直結します。究極のカフェラテを作るためにとても重要です。

スチーミングでの3つの感覚

視覚	ミルクの回転の仕方や、つやを確認する。つややかで気泡が細かく光沢があれば、正しいボリュームアップとテクスチャリングができている証拠。
聴覚	チリチリという音で蒸気と一緒に空気が送り込まれる。ピッチャーに蒸気がぶつかることによって生まれる金属音は、ボリュームアップが適正であれば一度音量は下がるが、適正な泡の量に達していない場合は、金属音が大きくなる。ピッチャー内にどれくらいの量のミルクのフォームが入っているか、音を頼りに推測しながらスチーミングをする。また、後半に音が大きくなり、その時間が長くなるとカフェラテの適正温度よりも高い温度になっているのでこの点も注意する。
触覚	ピッチャーを持つ手で温度感を確かめる。温度が上がる前に早い段階でボリュームアップ、テクスチャリングを完成させる。

TURNER STYLE ミルクスチーミングの技術

汎用性の高いスチーミングポジション

　ミルクのスチーミングでは、エスプレッソマシンや電圧の違い、マシンの個体差によって、スチームワンドの角度やピッチャーの角度、ノズルを差す位置などが変わってくるため、マシンごとに最適な角度や位置を見つけなければなりません。

　私が色々なお店に行って、ミルクのスチーミングを指導する際は、常に私自身が正しいと思うポジション（位置や構え方）を伝えて修正を促すようにしています。とはいえ、実はこの点については、どの店舗においても、受講者の皆さん自身も一般的には問題ない（マシンに応じた）ポジションでのスチーミングを行っているのです。そんな中でもポジションの修正を促すのには2つの理由があります。

- スチーミング中のミルクの回転時の不規則な状態の変化に対応しづらい。
- エスプレッソマシンの個体差に対応しづらい。

　私が教えるスチーミングのポジションは、スチームワンドの長さや角度、スチーム圧の強さなど、あらゆる違いにも対応できます。

　一般的なポジションの場合、そのお店ではスチーミングが上手くできてもマシンが変

わった瞬間に、急にスチーミングに苦戦するバリスタが多いのです。とはいえ、そのマシンでのベストポジションが見つかれば、それに勝るものはありません。

　これらを踏まえた上で、私は皆さんに〝ターナースタイル〟でのスチーミングポジションを理解し導入してほしいと考えています。

　私の場合は毎日使うマシンが違います。アメリカのラテアート世界選手権に出る時などは、その年にアメリカで初登場した、日本人バリスタのほとんどが触ったことのないマシンでの競技で、しかも一切のリハーサルなし、トーナメントなので負けたらその瞬間敗退、という過酷な環境もありますし、ゲストバリスタ、地方セミナー、開業サポートなどどのような場合でも完璧が求められます。私がマシンに慣れるのに時間がかかっては周りの方々も不安になるでしょうし、プロというのはどんな環境でも高いパフォーマンスをすぐに発揮することが重要だからです。

　下の写真を見て〝ターナスタイル〟のポジションを理解し、そこから自身のベストポジションを探ってみてください。

TURNER STYLE のスチーミングポジション
メリット…世界中の多くのエスプレッソマシンに対応できる。
デメリット…メソッドを理解するには時間がかかる。

一般的なスチーミングポジション
メリット…同じマシンを使用し続ける場合には適している。
デメリット…他のマシンでもすぐに対応できるとは限らない。

ミルクスチーミングの手順

① スチームワンド（ノズル）をミルクの入ったピッチャーの中心に1センチほど差し込む。この時、スチームワンドとピッチャーは平行になる。

② ピッチャーのスパウトは、時計の針でいうと1時から3時くらいの間を向くのが適正。この時、スチームワンドにピッチャーを当てないように注意する。

③スチームワンドを少しピッチャーの内壁に近づける。

④ ピッチャーを少し傾けて傾斜を作る。

⑤ ④までの状態が作れたら、そのままスチーミングの圧を上げていく。なお、ほとんどのエスプレッソマシンは圧を最大にしてスチーミングをする。

最適なスチーミングポジションを見つける

　使用するスチームの圧力にもよりますが、スチームワンドをピッチャー内のミルクの液面を通過して差し込むことにより、ミルクの攪拌時の角度や回転速度をコントロールすることができます。スチーミングによる攪拌は常に上下左右斜めと色々な角度で回転していますが、スチームワンドが中心に近いと縦の回転が強まり、ピッチャーの内壁に近づくことで横の回転が強まります。

　右ページでスチーミングの手順を解説しましたが、マシンによって圧の強さなど仕様が大きく違うため、この実践だけではおそらく良いフォームドミルクを作るのは困難です。そのため、下記にあげる8つの動きの変化をもとに最適なポジションを見つけてください。

　ベストポジションが見つかれば、スチーミングの開始から終了までほぼピッチャーを動かすことなくフォームドミルクが作れます。また、手順通りのポジションに慣れれば、右ページの①〜⑤の手順を追わなくても速やかにスチーミングを始める体勢をとることができます（動画参照）。

　これまでに述べた動きのルールとミルクをスチーミングする際の原理をよく理解して実践すれば、必ずきれいなフォームドミルクは完成します。ボリュームアップ・テクスチャリング・攪拌の手順を守り、これらの工程で視覚、聴覚、触覚を研ぎ澄ませて適正なフォームドミルクを作成してください。

最適なスチーミングポジションを見つけるための8つの動き

① スチームワンドをもう少し深く差し込む。

➡深くすることにより空気は入りにくくなる。意図していない回転軸に変わるので注意。

② スチームワンドが浸っている深さを浅くする。

➡浅くすることにより空気を取り込みやすくなる。泡が入りすぎないように注意。

③ ピッチャーの角度を右側に回す。

④ ピッチャーの角度を左側に回す。

➡攪拌の回転の角度を変えることができる。

⑤ ピッチャーの中心にスチームワンドを近づける。

➡横回転を弱める、または縦回転を増やす。

⑥ ピッチャーの内壁にスチームワンドを近づける。

➡ミルクの回転を早める。

⑦ ピッチャーの傾斜を深くする。

⑧ ピッチャーの傾斜を浅くする。

➡表面のミルクを中に取り込んだり、ミルクの縦横の回転軸を調節する。

※①〜⑧までP.30参照。

スチーミング動画

⑦⑧ピッチャー
の傾斜

①② 上下の動き

③④スパウトの
左右への動き

⑤⑥
中心からの
距離

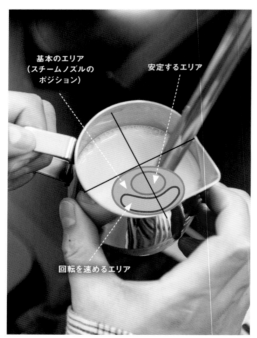

基本のエリア
（スチームノズルの
ポジション）

安定するエリア

回転を速めるエリア

中心に近い：縦軸の攪拌 ＞横軸の攪拌
内壁に近い：横軸の攪拌 ＞縦軸の攪拌

一つ一つの浮き上がるミルクの
ラインに想いを込めて注ぐ。

7

The Contrast, Espresso with Milk

7 エスプレッソとフォームドミルクの コントラスト

茶色と白色をどう配分してモチーフを 美しく表現するか

エスプレッソの茶色とフォームドミルクの白色が作り出す色の対照がコントラスト。以前は「茶色が濃い方が美しいラテアート」と考えられていましたが、最近では浅煎りのコーヒー豆を使用するお店が増えていたり、トレンドの面でも濃い茶色が美しいという見方はなくなってきています。実際に、アメリカの「コーヒーフェストラテアート世界選手権」では2018年以降、モチーフに対してのコントラストの評価基準が変わりました。現在はコントラスト（現地では「カラーインフュージョン」という項目）にかわって「カラーディストリビューション」という審査項目があります。この項目は色の濃さではなく「色の配分」を審査します。バリスタが茶色と白色をどう配分して、どのようなラテアートの表現ができるか、そうしてできたラテアートの美しさを判断するのです。もちろん茶色が濃ければ白色との区別がはっきりするので美しいと見えやすくなります。しかし、むやみに茶色の濃さを意識しすぎて少量のフォームドミルクを注ぐことにより、クレマの層が分厚くなりすぎて、ひと口目のコーヒーの味わいが濃すぎたり苦さが目立ってしまいます。

ラテアート、味わい、口当たり、どれもがすばらしいと思えるカフェラテを作りましょう。

浅煎り（左）と深煎り（右）の
コーヒー豆を使ったカフェラテ。
色の配分（カラーディストリビ
ューション）はとても重要だ。
濃い茶色＝ラテアートが美しい
という認識をもたないように注
意しよう。

TURNER STYLE,
Create
the Ultimate
Cafe Latte
8

8 TURNER STYLE 究極のカフェラテを完成させる

基本動作を高いレベルでこなす大切さ

これまでにエスプレッソの抽出、器具の扱い方、ミルクのスチーミング、キャンバスの作り方、浮き上がるドットについて解説してきました。実をいうと、これらの項目をすべて高いレベルで達成できてさえいれば、基本的なモチーフを描くことはそれほど難しいことではありません。

ドットを浮き上がらせて、ピッチャーを振って、進ませて、切る。これらの動作を適量のフォームドミルクで正しい角度で行うこと、そしてモチーフごとに決まった動きをすればラテアートは描くことができます。

ラテアートを練習しているバリスタの中には、フォームドミルクがカップの上を流れて絵柄が出来上がるまでのわずかな時間に最も情熱を費やす人もいるでしょう。ラテアートを描く前から「あの瞬間（ドットが浮き上がった後）にどうするか」をイメージするのです。私も以前はそうでした。カップにフォームドミルクを注ぎ始める前から「あの瞬間にどのような動きをすればもっときれいに描けるか」を考えていました。確かにそれも大事ですが、本書を読んでラテアートを練習される皆さんは、まずドットを浮き上がらせるまでの工程を徹底して練習してください。必ずです。必ず、これまでに解説してきたピッチャーの角度や流すミルクの量、決められたさまざまな要点を見失うことなくラテアートに向き合ってほしいです。

「色気」のあるカフェラテ

エスプレッソとフォームドミルクによって作られるカフェラテ。この価値を高めていくことは、コーヒーの知識、技術などを兼ね備えた我々バリスタの使命だと考えます。ラテアートに情熱を注ぐ皆さんには、ここで説明したラテアートの技術を用いて

よりすばらしいカフェラテを作ってもらいたいのです。

　おいしいものを作り出す上で美しいものを作ることは大前提で、この価値と真剣に向き合い、お客様にとって最高の一杯が提供できる。私はそんなバリスタをこれからも目指したい。グラマラスな女性をセクシーだと言うように、バリスタにおけるセクシーさとは、自分らしくお客様を感動させることだと思います。

　時代とともにこれからも評価は変わるでしょうが、商品として常に魅力的でなければいけません。私はこれを「飲み物としての色気」とよく表現しますが、そのような色気がラテを作る人から、カップからお客様に伝わるようなカフェラテ、セクシーなカフェラテを提供できることが究極のカフェラテだと考えています。

美しいラテアートを施した究極のカフェラテを

　これまでに解説してきた〝ターナーラテアートメソッド〟。同じモチーフでも完成度を高めていくことは難しいのですが、誰から見ても何の絵柄かをわかってもらうところまではそれほど険しい道ではありません。

　正しいエスプレッソの知識、マシンに対しての理解、ピッチャーとカップを正しく扱う知識と技術、スチーミングを適正にこなすこと、フォームドミルクの質感がどのようなものかを瞬時に判断して素材を上手く扱うことなど、これまでのセクションで伝えてきた、各場面での着眼点をしっかりと理解すればラテアートは必ず描くことができます。

　エスプレッソが表す茶褐色の美しい液体に、光が反射するような光沢をもったフォームドミルクを注いで美しくおいしいカフェラテを作り上げる。素材への理解と愛情、器具を正しく扱うという当たり前の技術で、お客様へ最高の一杯を提供してください。

究極の〝ターナーメソッド〟

　本書では「はじめにハートを作ってみよう」というような「基本のき」のページを設けていません。というのも、これまでの各項目を理解し実践すれば、ハートのラテアートなどは容易に描けると思います。

　念のため、ここまで解説してきた手順をP.39の表にまとめました。各手順での注意点をもう一度確認した上で、実際にラテアートに挑戦してください。

　またP.38〜P.39では「体の動きと求められる意識」についてまとめています。体のそれぞれの動きや情報処理について理解できれば必然的にラテアートの技術は向上します。

体の動きと各ラインへの意識

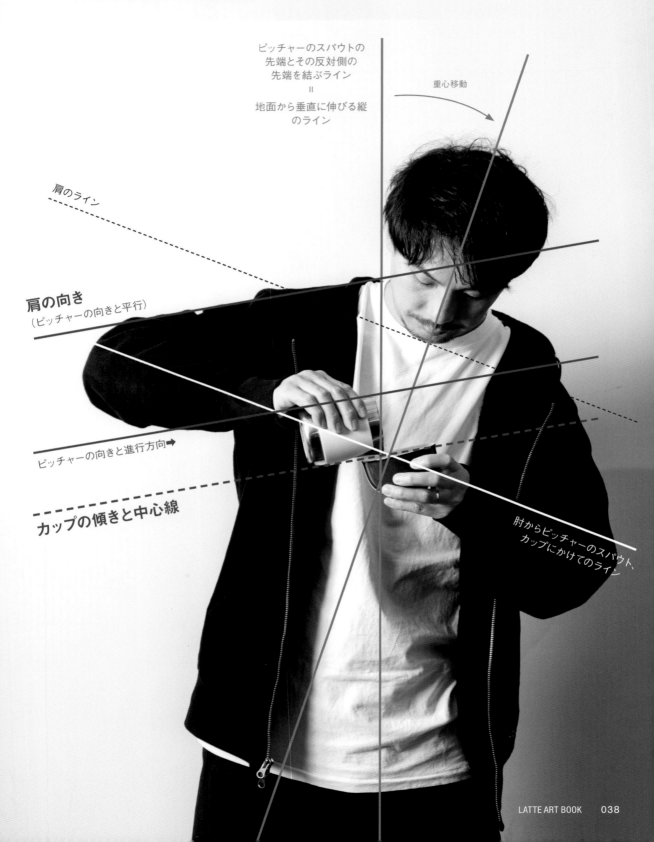

ピッチャーのスパウトの
先端とその反対側の
先端を結ぶライン
＝
地面から垂直に伸びる縦
のライン

重心移動

肩のライン

肩の向き
（ピッチャーの向きと平行）

ピッチャーの向きと進行方向➡

カップの傾きと中心線

肘からピッチャーのスパウト、
カップにかけてのライン

目からの情報を整理してメソッドと掛け合わせる

Brain

- 素材の状態と描きたいモチーフの選定は適正か。
- 肘からピッチャーのスパウト、
  カップの底までがイメージ通りにつながっているか。
- 目で捉えたすべての状況に瞬時に対応する準備はできているか。

**常にお客様への大切な一杯であるということを
忘れてはいけない。**

Eyes

- 肘が肩のラインと平行であるか。
- ピッチャーの向きが肩のラインと平行であるか。
- スパウトの向きは地面から垂直のライン上にあるか。
- カップの角度や傾斜は適正か。
- フォームドミルクの質感の状態や変化を常に確認。
- 模様が描かれていく様子を確認。
- すべての動作がイメージ通りか。

カフェラテを描く手順

手順	注意点・要点
エスプレッソの抽出	無駄のない動きで適正なエスプレッソを抽出する。
ミルクのスチーミング	ボリュームアップ、テクスチャリング、攪拌を正しい手順で行う。
カップを正しく持つ	清潔に扱う。正しい角度、姿勢で持つ。
ピッチャーを正しく扱う	余計な力を加えず、適切に扱う。
かさを上げてキャンバスを作る	・素材（エスプレッソとフォームドミルクの状態）を理解し、適正なかさ上げを行う。 ・フォームドミルクの状態を理解し、適した時間内にかさ上げを完了する。
ドットを引き出す	・正しい場所にフォームドミルクを注いでドットを浮き上がらせる。 ・浮き上がったドットを確認する。 ・浮き上がった場所が適正であるかどうかも目で瞬時に確認する。
ドットを確認した後は各ラテアートメソッドの手順通りにカップとピッチャーを操り、描く	描く際はフォームドミルクがどのような状態なのかを必ず理解していなければならない。また次の点もおさえておくこと。 ・模様がカップのふちまで流れてしまわないように注意して注ぐ。 ・ふちから地面にフォームドミルクが落ちる場合は明らかにカップを傾け過ぎか、技術が間違っている。決してこぼさない角度をまず見つけて、そこから自分に合った角度を探す。

私にとって思い入れのあるラテアートの一つ、「NYC 2-4-1」。

Chapter 2

ラテアート
基本編＆応用編

MOVIEリスト
▼

HEART

ハート

もっともスタンダードなラテアート

一番最初に習得したいモチーフが、「ハート」。かさを上げた後、ほかのモチーフにある「ピッチャーを振る」という動作をハートではする必要がなく、正しい位置にミルクを落とし、安定した量のミルクを注ぐことができれば習得できる。しかし、美しいハートを描くことは複雑なモチーフを描く以上に難しいともいわれ、実は不得意とするバリスタが多い。女性やこどもに人気のラテアートだ。

MOVIE

ハートを描く

1

カップ容量の6割までかさ上げをする。かさが低い状態で描き始めると、模様は浮き上がりやすいものの絵柄がにじんだり、クレマリング（外観）がつぶれてきたないハートができてしまうことがあるので注意。

2

液面に近い距離（ピッチャーのスパウトがカップに当たるくらいの距離）から中心にミルクを注ぎ入れる。

3

ドットが浮き上がってくる。

4

そのまま同じ位置で一定量のミルクを注ぎ続けるとドットの輪が広がってくる。この際、ミルクの状態によってはピッチャーを少し前に移動させた方がよい時もあるのでミルクの流れ方をしっかりと確認すること。

5

ミルクの流量が減ってくるので流量を安定させるためにピッチャーを徐々に傾ける。一方、カップの傾きは水平に戻していく。

6

カップが水平になったところで、ピッチャーを前進させながらドットの中心を切るようにミルクの細い線を引く。ハートを描き終わるところでピッチャーを引き上げる。

「HEART」作成の ワンポイント

ドットが浮き上がった後、ミルクの量は一定に流し続けること。

TULIP

チューリップ

ドットを3つ施して完成

チューリップは、バランスよく描くことができれば、シンプルながらも非常に美しいモチーフ。カップの上・真ん中・下に模様があるが、下だからといって下部に描くのではなく、そのドットはカップの中心付近に作り出す。その後のミルクの投入で自然とカップの下側に流れてきれいに仕上る。

MOVIE

チューリップを描く

1

カップ内の液体のかさが6割以上に達するまでかさ上げをした後、液面に近い距離から中心にミルクを注ぐ。

2

ドットが浮き上がったら、カップを少しだけ平らに戻し、ピッチャーはミルクの流量を保ったまま前方に少しだけ進める。

3

1個目のドットに対して茶色を挟んで、液面に近い距離から中心にミルクを落とし、ピッチャーを前進させながらミルクを注ぐ（カップ内のミルクを前の方向に流すようなイメージ）。

4

2個目のドットに対して茶色を挟んで、液面に近い距離からカップ内の上部にミルクを落とし、ピッチャーを前進させながらミルクを注ぐ。

5

模様の中心に線を引くように、ピッチャーを前進させながら徐々に液面から離していく。模様を描き終わるところでピッチャーを引き上げる。

「TULIP」作成のワンポイント

浮き上がるドットを注視しながら次のミルクを落としていこう。

LAYER HEART

レイヤーハート

これぞ定番!
ラインが施されたハート

ピッチャーを振りながら注ぐことによりラインが中に描かれるハート。鮮やかなラインが模様となって描かれている部分をレイヤーという。「レイヤーハート」を描く際は、ピッチャーを振る回数を決めて、少ない数から始めて少しずつ振る回数を増やしていくとよい。振った回数と同じ数のラインが描かれていれば、ピッチャーを正しく振れている証拠。ラインが出ていない場合は振る数を減らそう。完璧に描くことができれば、エレガントで最高レベルの感動をお客様に与えることができるベストモチーフの一つ。

MOVIE

レイヤーハートを描く

1

カップ内の液体のかさが6割以上に達するまでかさ上げをした後、液面に近い距離から中心にミルクを注ぐ。

2

ドットが出てきたら、液面に近い距離からピッチャーを3回振る。

3

4振り目以降は、ピッチャーを振りながらカップの傾きを徐々に水平に戻していく。基本的には3振り目までと同様、液面に近い場所からピッチャーを振るが、模様が流れにくい時やエスプレッソの状態（浅煎りの豆を使った場合）によっては少し高い位置から振るとよい。振る回数は6回〜12回が目安。

4

カップが水平になったところで、ピッチャーを前進させながらレイヤーハートの中心を切るようにミルクの細い線を引く。レイヤーハートを描き終わるところでピッチャーを引き上げる。

「LAYER HEART」作成のワンポイント

模様（ライン）が流れやすい時は比較的液面に近い距離から注ぎ、模様が流れにくい時や浅煎りのコーヒー豆を使った場合は少し高い位置からピッチャーを振ってみよう。

WING HEART
-WING 1-

ウィングハート（ウィング1）

レイヤーハートとドットハートの技法

ウィングとは羽や翼に見えるパーツの部分。ウィングの模様は初歩的な作成方法の一つ「レイヤーハート」の技術を用いて描く。通常のレイヤーハートはかさを上げてピッチャーを振った後、中心に線を引いて完成させるが、「ウィングハート」の場合は、レイヤーハートを描く方法でピッチャーを振った後にミルクを注ぐのを一旦止めて、ピッチャーを移動させてからドットハート（振らないで描き上げるハート）を落とし込んで完成させる。ミルクを流す力によって、レイヤーハートは自然と羽や翼のように広がる。シンメトリーに描けるようになれば、さらに難しいモチーフにも挑戦が可能になる。また、このウィングのメソッドについて、P.52からの「ターナーウィング」でさらに詳しく解説しているので、そちらも参考にしてほしい。

MOVIE

ウィングハートを描く

1

カップ内の液体のかさが6割以上に達するまでかさ上げをした後、液面に近い距離から中心にミルクを注ぐ。

2

ドットが出たのを確認したらピッチャーを振り始める。振る回数は6回〜9回が理想。まずはドットが出た場所で3回振る。

3

前に進みながら3回〜6回振り、同時にカップの傾きを少し平らに戻す。そして振り終わった直後にピッチャーを引き上げて、ミルクを注ぐのを一旦止める。

4

ピッチャーをカップの上部に移動させて、ミルクを注ぐ。

5

カップの上部に太いドットを描き出す。そしてミルクの量を少しだけ減らしながらピッチャーを前に進める。

6

中心にミルクの細い線を引いて仕上げる。絵柄によってはピッチャーが液面から斜め上へ直線的に上がっていくようにミルクを注ぐと、よりまとまった形になる。

「WING HEART -WING 1-」作成のワンポイント

トップのハートを描いた後は、全体のデザインの模様の変化を目で確認しながら丁寧に仕上げよう。

ROSETTA

ロゼッタ

ラテアートの代表的なモチーフ

バリスタを始めた人たちがまず「このラテアート（ロゼッタ）を描きたい」と思って練習するケースが非常に多い。ほかの絵柄を描く上でも非常に重要な技術の一つだ。一般にロゼッタに対する固定概念として、「細かい」や「繊細」というイメージがもたれやすい。初心者のうちに細かい線や、くっきりとした模様を数多く描き出すのは非常に難しく、出来上がりは確実にきたない作品になってしまう。シングルロゼッタはシンプルな絵柄だが、出来上がりがとても美しく芸術的であればお客様を感動させることができるモチーフだ。ここでは、できるだけシンプルな動きだけで描くことができるメソッドで紹介する。決められた少ない振り数でロゼッタを描く方法から始めよう。

※「ロゼッタ」とは植物用語で地表の葉っぱの中心の枝とそこから左右に生えている細い枝のこと。そのラテアートは1990年代前半にアメリカ・シアトルで生まれたといわれる。日本では「リーフ」とも呼ばれる。

MOVIE
▼

ロゼッタを描く

1

カップ内の液体のかさが7割以上に達するまでかさ上げ（※）をした後、液面に近い距離から中心にミルクを注ぐ。※ハートやチューリップを描く時よりもかさを上げる。

2

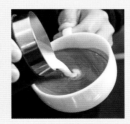

ミルクを注いでからドットが浮き上がるまで0.5秒程度余裕があるので、その間に出てきたドットを確認することを徹底しよう。

3

ドットが出たら、同じ量のミルクを注ぎながら、振りながら後ろに下がっていく。振りの回数は6回程度。同じ量のミルクを注いで後ろに下がることと、ピッチャーのボディーとカップの上部表面のラインが平行に近い角度（写真右）をキープしながら後ろに下がることがとても重要だ。

4

ピッチャーを6回振り、後ろまで下がったら、先ほどまで注いでいたミルクの量を3分の1程度に減らす。この「減らす」ことによって、各ロゼッタの中にある茶色のコントラストが残るようになる。この時のカップの角度はほぼフラット。ふちから絶対にミルクをこぼさないようにしよう。

5

ロゼッタの上部でミルクの注ぐ量を減らし、全体の絵柄が決まれば、絵柄の中心に少ない量のミルクを注ぎながら徐々に液面から離していく。最初から最後までの工程を丁寧にリズミカルに行うことが重要だ。

「ROSETTA」作成のワンポイント

難しい「振り」という作業を最小限の数に減らし、一つひとつの模様を確実に描くことから始めよう。

TURNER WING

TURNER STYLEのウィング ～ターナーウィング～

WING 3
▶ P.68

**WING
STACK TULIP
1-1-3**
▶ P.72

WING SWAN
▶ P.114

ターナーウィングが誕生するまで

日本で開花したウィングの技術

　ラテアートを始めて3年目、2013年のこと。私がやっとロゼッタを描けるように
なった頃、このウィングという技術と初めて出会った。カップの液面を優雅に流れる
ミルクのライン、やがて後半に注ぐデザインとの調和によって仕上る翼や羽のよう
に見える模様に衝撃を受けた。この技術との出会いと世界チャンピオンになろうと心
に決めた時期がちょうど重なり、自分のラテアートのクオリティが大きく変わるきっ
かけにもなった。

　ウィングは2010年、小塚孝治氏が最初に描いたとされる。海外でも同じように、
レイヤーハートの上部にドットのハートを描くなど似たようなモチーフは実際存在し
たが、小塚氏の描くデザインが一際優れていたため、この技術が海外に広まりニュー
スタンダードとなった。ウィングを描いて中にチューリップを施した「ウィングチュ
ーリップ」というネーミングも日本で生まれ、現在もラテアート界での共通ワードと
なっている。

瀬戸際で生まれたターナーウィング

2013年当時、この技術で私にとって最もセンセーショナルだったのは山口淳一氏や赤川直也氏が描くウィングだ。唯一私が参加したラテアートのセミナーは、彼ら二人と当時世界チャンピオンに輝いた濱田慶氏の三人が開いたウィングのセミナー。彼らの描くウィングとラテアートを目の当たりにした時、自分の技術とは雲泥の差だった。一生追いつけないと確信に近い感覚に陥ったが、世界チャンピオンになると心に決めた以上、そんな甘いことは言っていられるわけもなく、落ち込みながらも熱心に研究したことを覚えている。

ラテアートを描く度に、彼らの描いたラテアートの写真を横に並べて比較した。彼らの作品を100点として、自分の作品が今何点なのかを毎回採点した。序盤は20点くらいだっただろうか。話にならないほど遠い存在だったが自己評価で60点くらいまでは意外にも早く近づけた。しかし、そこからが全く上達しない沼にハマってしまう。どれだけ練習しても思うように描けない。ミルクの流れとピッチャーの振りがいくらやっても連動しない。毎日心が折れ、あきらめかけながらも無我夢中で練習に取り組んだ。60点のベストからいくらやっても一向に上手くならず、「彼らの描くようなウィングは私には一生描けないんだ」、そう受け入れることにした。しかしそこから、手法を真似たり、自分がこうだと思う描き方やタイミングなどをすべてリセットしてイチから作り始めることに。自分でも表現できる最高のものは何か？　そこにスポットを当て試行錯誤を重ねたある日、突然「ターナーウィング」が生まれる。

なかなか上達しなかったからこそ、そんな自分にでもできる方法を見つけることができた。以後、この技術を手に入れた私のモチーフのクオリティは一気に上がる。100点まではまだ遠いが、80点。こんなにもミルクを注いでいて気持ちの良い瞬間は味わったことがない。この技術を手に入れた時、「夢は本当に叶うかも知れない」、そう思えた瞬間だった。

セミナーを受けてから1年3ヵ月後、アメリカ・ポートランドの世界選手権で3位入賞。それから半年後、シカゴのミシガン湖畔に位置するネイビーピアで行われた「コーヒーフェストラテアート世界選手権」で悲願の世界一に輝くことができた。

ウィングの技術は、この10年間衰えることなく世界中のバリスタがこぞって練習している。皆さんがこれから描きたいイメージの中にウィングが必ず必要とは限らないが、必ず身につけるべき技術であると考えている。

私は上手くなるのに、他の人の何倍も時間がかかった。そのおかげで、ピッチャーの角度、距離、ミルクの流す量など、さまざまな点を事細かく決めなければラテアートは描けなかった。ターナーウィングは、そういった理論と自分の感性がぎっしり詰まったメソッドだ。ここでは私の世界を大きく変えたターナーウィングを大解剖して解説している。

ターナーウィングの作り方

ウィング作成までの工程を正しく行う

　まず、これまで通り、正しくピッチャーとカップを扱うこと、すわなち正しい角度・位置・握り方などを理解し道具を正しく使うこと。そして、エスプレッソとフォームドミルクの質感を把握することは絶対にしなければならない。スチーミングの時の音も、ミルクの光沢から感じられるその質感も、最初は何が正しいのかもわからないだろうが、毎回注意深く探っていれば必ずスチーミングで必要とされる視覚と聴覚は養われていく。あきらめることなく努力を続けよう。

　次にドットを浮き上がらせて、流れるフォームドミルクを操ること。ここまでの全工程が適正に行えているということがターナーウィングを描くための最低条件となる。ここでは適正なフォームドミルクが仕上がったことを前提に解説する。

　なお、レイヤーハートを覚えたのち、まずウィングハート（ウィング1）を覚えてからロゼッタのモチーフに挑戦することをおすすめする。レイヤーハートとロゼッタをきれいに描けるようになるということがウィングの技術向上にも直結する。レイヤーハート、ウィング1、ロゼッタ、これらのモチーフの技術がバランスよく向上していくことがとても重要だ。

ドットを浮き上がらせて瞬時にピッチャーを振り始める

ドットが浮き上がった瞬間、カップの位置で説明すると①から③の方向へフォームドミルク（以下ミルク）が流れるのが確認できる。この瞬間をキャッチすること、そして、この直後にピッチャーを振る。振り始めが早すぎると、ウィングの外枠がにじんだりクレマリング（外観）がきたなくなる。反対に遅すぎると白い部分が太くなるだけでなくミルクも流れにくい。ドットを目で確認した直後に振り始めることを意識しよう。また、このドットが太く浮き上がった場合は、ピッチャーを強めに振り、細く浮き上がった場合は、ピッチャーを弱めに振ると、のちに解説する「最初の3振り」のラインをくっきりと描くことができる。

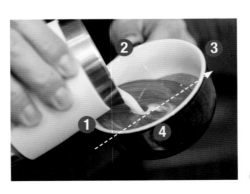

ドットが浮き上がると①から③の方向へミルクが流れる。

ウィング作成の手順〜6回〜12回の振りで描く〜

"ターナーメソッド"の振り数は、必ず3の倍数で構成される。一定のリズムでピッチャーを振る中で、3回ごとに次の動作を行うことにより、目で見る情報を脳で処理しながら動きの指令と動作を安定的に行える。ひと振りごとに前進しなくても、3回ずつ振ったタイミングで段階的に移動（前進）させてもウィングは描けるのだ。a「1・2・3」【123】、b「1・2・3」【456】、c「1・2・3」【789】、d「1・2・3」【10 11 12】と数えながらピッチャーを振り、前に進んでいくとさらに動かしやすい。これを繰り返しながらピッチャーを振ることでウィングを描けるようになる。

ウィングは、一見すると細かい多くのラインが重なった層に見えるが、実際には6回振るだけでも確実にミルクを流し、くっきりとしたラインを引き出すことができれば描けるモチーフ。少ない数から確実に1本1本描くことが上達の近道だ。ここでは9回以上の振りで描く方法を解説している。6回の振りでウィングを描く場合は、上記の「b」の動きを行わず「a」と「c」をつなげれば描くことができる。

振る回数が増えれば美しいというわけではなく、目で見て美しいことが重要だ。回数にこだわりすぎないように。また、ウィングを描く際、カップの傾きをどのように調整するかに意識を向けることが多いと思うが、"ターナーメソッド"を使えばそれほど意識する必要はない。ふちからミルクをこぼさないことを意識する程度で描くことが可能だ。完璧なウィングが描ければ、モチーフのインパクトや芸術性も高まる。根気よく挑戦して美しいウィングを描けるようになろう。

最初の3振り〜a【123】の振り〜

ドットの流れ方を確認しながらピッチャーを振る作業。最初の3回の振りで液面を流れるミルクがどのような状態であるかを確認し、その情報をもとに次の3回（b【456】）の振りで行う、①ピッチャーの振る強さ、②振り幅、③ピッチャーの進む距離、④ミルクの流量、⑤ピッチャーとカップの距離感を決定する。

最初の3振り。ドットを瞬時にキャッチし振り始める。この時に流れるミルクの動きを確認すること。

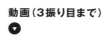
動画（3振り目まで）

流れるミルクの動きから判断する次の３振り
（※例1・2ともにフォームドミルクとエスプレッソが適正に作られた場合）

例1：ミルクがカップの液面を進むスピードが速い、
またはラインが細い

①ピッチャーの振る強さ	弱め
②ピッチャーの振り幅	小さめ
③ピッチャーの進む距離	短め
④ミルクの流量	少なめ
⑤ピッチャーとカップの距離感	近め

例2：ミルクがカップの液面を進むスピードが遅い、
またはラインが太い

①ピッチャーの振る強さ	強め
②ピッチャーの振り幅	広め
③ピッチャーの進む距離	長め
④ミルクの流量	多め
⑤ピッチャーとカップの距離感	遠め

次の３振り〜 b【456】の振り〜

上記の情報と注ぎ方を参考にして最初の３回（a【123】）の振りと、それをヒントに動きを調節して行った４回〜６回（b【456】）のピッチャーの振りが適正であれば、下の写真のような模様で液面に描かれる。この時点のウィングの模様はカップなどによって変わるが、茶色のコントラストが流れるミルクとミルクの間にはっきりと描かれていることが重要だ。

茶色のコントラストがはっきりと描かれている模様。

動画（6振り目まで）

7振り目以降の仕上げの振り
～c【789】、d【10 11 12】の振り～

6回目までの振りが正しく行われ、適正な模様が広がっていれば、残りの3回から6回の振りでウィングの仕上げを行う。7振り目以降、ウィングを完成させるまでの注意点として次の3つがあげられる。

- ミルクの流量を継続して同じ量を保つ。
- ピッチャーの前進する距離は b【456】の時の倍またはそれ以上。3ミリ進んでいた場合は6ミリ、またはそれ以上前進するようなイメージでピッチャーを移動させる。
- 手首をひねって注ぎを止めるのは必ずピッチャーを振り切ってから。振っている途中からピッチャーを切り始めると最後までサシ（色違いのライン）が入らない。

ウィング作成時の後半はピッチャーの進む距離を長くとる。

動画（7振り目以降、12振り目まで）
▼

一連のウィングが描かれる様子

動画（9回振って描くウィング）
▼

動画（12回振って描くウィング）
▼

動画（ターナーウィングを作った後、ウィングチューリップ（NYC 2-4-1）を描いて完成。）
▼

ROSETTA 9

ロゼッタ9

振る数が増えることで
インパクトが高まる

このロゼッタは、「BASIC 5」のロゼッタよりもピッチャーを振る
回数が9回と多い。ロゼッタは基本的な絵柄という認識が高いが、
この絵柄さえ確実に作成できれば大抵どこのお店でもラテアート
に関していえば合格ラインではないだろうか。①正しくピッチャ
ー、カップを持つ、②手早くかさを上げる、③決められた場所に
ミルクを落とす、④回数をある程度決めた上でピッチャーを振る、
⑤仕上げる、という5つの手順を確実に行えば必ず描けるモチー
フだ。左ページでは、BASIC 5のロゼッタとはまた違った視点か
ら解説を行っている。

MOVIE

正しくピッチャー、カップを持つ

1

ピッチャーの振りは体の向きと平行の動きを心がけ、カップは左右、上下ブレなくしっかり目で確認して扱おう。ピッチャーもカップも手の角度の感覚で持つ人は多いが自分の目で確認すること。

「ROSETTA 9」作成の
ワンポイント

ミルクの安定した流量を意識し、手首ではなく肘から動かすイメージで注ごう。

手早くかさを上げる

2

手早くかさを上げることにより、ミルクの質感がよりシルキーに保たれる。雑にかさ上げをすれば、カップの表面はマーブル状になるだけでなく口当たりも全然異なったものになる。ミルクのフォーム量が多ければ、かさ上げを少し低めの位置で完了し、フォーム量が少なければ少し高めの位置まで行うなど調整も必要。

決められた場所にミルクを落とす

3

ミルクは中心付近に落とす。ドットが中心に浮き上がることを必ず確認しよう。ロゼッタは、落としたミルクが下に流れ、ピッチャーを振りながら後ろに進むことにより白いラインが後ろに流れ、その隙間に茶色のコントラストが交わり出来上がっていく。この原理は動画を見るとわかりやすい。動画を何度も再生して確認することが上達の近道だ。落としたドットが浮き上がりと同時にほんの少し前進すれば、その場所は正解に近い。常にミルクの状態、カップの正しい傾斜を瞬時に確かめること。そしてドットがどのように浮き上がったかを必ず確認すること。

回数をある程度決めた上でピッチャーを振る

4

ここで描いたようなシンプルなシングルロゼッタは6回〜12回程度の振りで十分美しいものができる。「ロゼッタ9」の振りの回数は9回。最初の3回はドットが出た場所付近で振る、または少し前進しながら振る。残りの6回は均等なミルクを流しながら後ろに下がる。ミルクの白色のバランスが多い時は、①振りが遅い、②ピッチャーと液面の距離が近すぎる、③カップを傾けすぎている、もしくはフラットすぎる、などの原因が考えられる。逆に線が細い場合は、①かさ上げが足りていない、②ミルクを投入する位置が高すぎる、などの原因が考えられる。毎回、投入後にミルクの流れ方を瞬時に確認することが大切だ。

仕上げる

5

最後は「切る」というイメージで仕上げるが、この時にミルクを大量に流してしまうと、せっかく描いた絵柄を吸い込んでしまう。ミルクの流す量を減らして丁寧に切る。

COMPLEX ROSETTA

コンプレックスロゼッタ

インパクト大！
複合的な動きが求められるロゼッタ

「ロゼッタ9」からさらにピッチャーを振る回数が増えて12回振る。
最初の3回はドットが出てきた場所で振り、次はその3つを前に
押し出すように3回振り、残る6回は振りながら後ろに下がると
いう複合的な動きが求められる。この「3・3・6」の動きをマスタ
ーしよう。

MOVIE

最初の6振りでロゼッタの外枠を描く

1

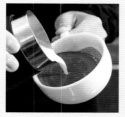

かさ上げ（液体のかさはカップの6割以上）をした後、カップの中心にミルクを注ぐ。ドットが出たら落ち着いてピッチャーを振り始める。まずはドットが出た場所で3回振る。

2

最初の3回分を押し出すように少しだけ前に進みながら3回振る。ここまでの6回の振りで、出来上がりのロゼッタの外枠が完成する。最初の3回と次の3回の間に時間的間隔はなく、一定のリズムで振り続けることが重要だ。

残りの6振りでダイナミックな絵柄を完成させる

3

後ろに6回振りながら下がる。この時にカップを傾けすぎると、ふちからこぼれたり、各ロゼッタの中の茶色のコントラストが小さくなるので、なるべくフラットに近い角度をキープする。そしてピッチャーは、カップと平行の角度をキープする。さらに、後ろに下がる時の液面からピッチャーの距離は若干高め。少し高めの位置から振ると、ロゼッタに茶色が入りやすい。

4

合計12回振り、後ろまで下がったら、先ほどまで注いでいたミルクの量を3分の1程度に減らす。絵柄の中心に少ない量のミルクを注ぎながら徐々に液面から離していく。描き始めから描き終わりまでミルクが途切れることなくリズミカルに注ぐことが重要だ。

「COMPLEX ROSETTA」
作成のワンポイント

最初の6回の振りでカップの傾きを徐々に水平に近づけていき、後の6回は水平に近い傾きを保つようにしよう。

WING 2
–WING HEART IN HEART–

ウィング2（ウィングハートインハート）

中級以上のモチーフを描く上で
欠かせないモチーフ

ウィング2の「2」はハートインハートの数。日本で生まれたと言われるウィングの技術が海を渡り、アメリカではトップで描くハートの数を数字で表すという至ってシンプルな表現が混ざり、「ウィング2」と呼ばれるようになった。前述の「ウィングハート」は「ウィング1」とも呼ばれる。ラテアートの技術が進歩していく上で、こういった背景にも目を向けていこう。ウィング2はこれまでに紹介した「レイヤーハート」「ウィングハート」「ロゼッタ9」の技術が織り交ぜられていて、ここで解説するハートインハートを習得すれば描くことが可能だ。これらの基本的な技術が高まれば高まるほど今後のモチーフを描く上でも役に立つので完璧に描けるようになろう。

MOVIE
▼

キャンバスを作る

1

かさ上げはこれまでと同じでカップ容量の6割以上か、それより少し少ない半分くらいまで。これまでのモチーフよりも手数が多くなっているため（キャンバス作り→対流止め→ウィング→ウィングハートのハートの部分→ハートインハート）、ゆっくり一つひとつに時間をかけるとミルクが固まってしまい、バランスよく一体感のあるモチーフを描くのが困難になる。雑に動作をするのではなく、丁寧かつ、スピーディーにかさ上げを行おう。

ウィングを描く

2

手数は増えても、ここでやることはウィングハートと同じ。ドットを正しい場所に落として、ドットの浮き上がりを確認した後にピッチャーを振る。この一連の動きを的確に行おう。振る数は6回〜12回。ウィングのサシが入らない場合は、振る数を決めて少ない数から始めるとよい。

ウィングハートを作る

3

ウィングが完成したら、ピッチャーをカップの上部に移動させて、そこに少なめのミルクを注いでドットを描きだす。このまま切って仕上げればウィングハートになるが、ドットを浮き上がらせるのみで次のハートインハートの工程に移る。この際、ドットを中心に注ぐとハートが真ん中に出来上がり別のモチーフになってしまう。上部の余白に丁寧にミルクを投入しカップを俯瞰しながら注ごう。

ハートインハートを描く

4

最後にハートをハートの中に注いでハートインハートを作る。この際に注意しないといけないのが、ピッチャーを水平かつ体の向きと平行に移動させること。このモチーフを描く動きを実際に見た場合、手首をひねってすくうような動作でミルクを注いでいるように見えるが、そのイメージで注いでしまうと、ハートインハートのミルク投入時の最初に多く注ぎすぎてミルクが足りなくなる。序盤はミルクは少なめで、そのまま前に進んだ後にミルクの量が多く必要になる。ドットを投入し直ちに前に進むと、最初のハートが周りを囲んでいくのが見て取れる。この最初のハートが巻き込まれていくのを目で確認することがとても重要だ。

5

中心を丁寧に切って（ミルクの細い線を引いて）仕上げる。

「**WING 2** –WING HEART IN HEART–」
作成のワンポイント

ミルクの質感を毎回見極めながら描こう。手数が増えても雑にせず、手早く丁寧に！

LAYER HEART 15

レイヤーハート15

くっきりとした15本のラインを描き出す

「BASIC 5」では最もシンプルなレイヤーハートを紹介した。ここでは、振り数を増やしつつも、一つひとつのラインをはっきりと描く。振る数が増えると細かい点をおろそかにしがちだが、浮き上がるラインすべてを美しく描くことにこだわるのが〝ターナースタイル〟。動画では15回ピッチャーを振って描いているので、その振り数がわかるように「レイヤーハート15」と呼んでいる。中級のモチーフとして紹介しているが、この振り数ですべてのラインを表現することはかなり難しいだろう。そのため、改めて細かい点にフォーカスした解説を行う。今一度各項目の重要性を理解してほしい。

MOVIE

レイヤーハート 15 の描き方

レイヤーハートは、「ロゼッタ 9」（P.59）で行った解説と同様、①正しくピッチャー、カップを持つ、②手早くかさを上げる、③決められた場所にミルクを落とす、④回数をある程度決めた上でピッチャーを振る（ここでは 15 回と決める）、⑤仕上げる、という 5 つの手順を確実に行えば必ず描けるモチーフだ。逆に一つをおろそかにしたら必ず完成度は下がるので注意したい。かさ上げ（液体のかさはカップの 6 割以上）では、手早く行うことにより、ミルクの質感がシルキーに保たれる。

決められた場所にミルクを落とす

1

ミルクは中心付近に落とすが、カップのど真ん中ではなく、それもミルクの質感による。たとえば、フォーム量がこの動画に出てくるような、より適正に近いシルキーな状態だと、少し上部に落とすことによりミルクが前に進み、ハートが完成した時には模様が真ん中に出来上がる。感覚で「このあたりだ」というように勢いで落とすのではなく、かさを上げた後に、ミルクの状態やカップの位置や傾きが適正であるかを瞬時に確かめること。そして、落としたミルクがどこに浮き上がったのかを必ず確認して記憶すること。これもすごく肝心な確認作業だ。

回数をある程度決めた上でピッチャーを振る

2

レイヤーハートはたった 6 回振るだけでも十分美しいものができる。ラテアートは「細かさ」や「繊細である」ことが「美しい」には決して直結しないこと、目で見て美しいものが美しいラテアートだということを忘れてはならない。ピッチャーをやみくもに振るのではなく、回数をある程度決めることが重要だ。

レイヤーハートを描いている時の注意点は 2 つあり、①ドットが浮き上がれば直ちにピッチャーを振り始める、②振り始めて浮き上がったレイヤーが、振り続けることによりやがて中心付近に戻ってくる、ということ。この 2 点がカップ表面で 15 回振って表現できていれば、後は仕上げる作業を的確に行えれば美しいモチーフが完成する。難易度は高い。しかし、ここで根気よくこのモチーフに挑戦しよう。

仕上げる

3

最後は「切る」という作業で仕上げるが、ここでもイメージで体を動かすのではなくしっかりと全体を俯瞰して、仕上げよう。特に液面のハートの仕上がりをより注意深く観察しながら仕上げると、より美しいハートが描けるようになる。最後まで適正なリズムで気を抜かずに描き切ろう。

> **「LAYER HEART 15」作成の ワンポイント**
>
> 上記の各工程の質が上がれば、あとは振り数を増やすのみ。常にカップを俯瞰しながら描こう。

ROSETTA 15

ロゼッタ15

カップいっぱいに広がるロゼッタを
一筆描きで表現

ウィングを描く手法でベースを作り、そのまま動きを止めること
なく後ろに下がりながら描いて1枚のロゼッタを作成する。一つ
ひとつの線を確実に描くことによって生まれるコントラストはシン
プルながらも非常に美しい。振り数は、前に進みながら9回、
後ろに下がりながら6回の合計15回。15回振るので「ロゼッタ
15」と名付けた。トップにハートインハートなどを施すのではな
く、あくまで一筆描きで描き終えることもこのラテアートの魅力
の一つ。中級のカテゴリーに属するが、その中でも非常に難しい
アートだ。

MOVIE
▼

前に進みながら描く

1

かさ上げ（液体のかさはカップの半分くらいまで）をした後、カップの中心にミルクを注いでドットを引き出す。このモチーフの場合は、最初に出たドット（ミルク）が流れゆくラインは最終的にはカップの上部にまで流していくことが表現する上で必要。そのため、ドットが浮き上がった直後の動きは「ウィングの描き方」と同じ用法で行う。

2

前進しながらピッチャーを振る回数は9回。前に進んでいくミルクの流れと、隙間に入る茶色のコントラストを調整しながら徐々に前に進む。

後ろに下がりながら描く

3

9回振って土台が出来上がったら、そのまま動きを止めることなく後ろに振りながら下がる。ここでは6回振っているが、この時にピッチャーの距離が近すぎると、ロゼッタにサシがきれいに入らないことがあるので注意。カップとの距離を保ちながら、カップと水平に近いところからミルクを流し、しっかり左右に振ることが、美しいコントラストを出す秘訣だ。

トップハートを描く

4

上部まで描けたら、その場でハートを描いてロゼッタを完成させる。ここで、ハートインを繰り返すことにより全体のバランスを整えることは可能だが、あくまでこのモチーフを描く際は一筆描きにこだわってほしい。

> **「ROSETTA 15」作成のワンポイント**
> 後ろに下がり始める時の、ピッチャーの角度とカップとの距離、振り幅の調整が完成度を上げるコツ。

WING 3 & WING 4

ウィング3,ウィング4

手数を増やし
バリエーション技術を
高めよう

「ウィング2」のハートインハートの
数が増え、バランスを保つ上でも難
易度が高いモチーフ。完成度が上が
れば、この後のWING STYLEで紹介
する難易度のさらに高いモチーフを
描く際にも大きな手助けとなる。こ
の絵柄で特に技術がいるのは、ハー
トインハートを完成させる際、ベー
スのウィングの絵柄も完成させるこ
と。双方の絵柄が互いを崩すことな
く美しい状態で完成することがとて
も重要である。また「3注いで7進む」
(3割のミルクを最初に注ぎ、そのま
ま真横に進みながら7割のミルクを使
ってハートインを完成させる)という
動作もしっかりとマスターしたい。な
お、このラテアートは2010年に田島
佳幸氏が考案したもので別名「TAZZY
TULIP(タジーチューリップ)」とも呼
ばれている。

「WING 4」
MOVIE
▼

ウィングを描く

1

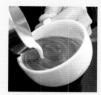

かさ上げ（液体のかさはカップの半分以上）をした後、カップの中心にミルクを注いでドットを引き出す。かさ上げでは、手数が増えるからといって低い状態で注ぎ終えないように注意。

2

「ウィング2」と、ウィングを描き終えるまでの動きはすべて同じだ。浮き上がるドットを確認できたら、まずドットが出た場所で3回振り、その後は振りながら前進し、同時にカップの傾きを平らに戻していく。

3

ウィングが完成したらピッチャーを引き上げて、ミルクを注ぐのを一旦止める。

ハートインハートを描く

4

カップの上部に少量のミルクを注いでドットを引き出す。ドットが浮き上がるまでにミルクを注いでいる時間は考えているよりも短く、「短い時間で、少量のミルクを注ぐ」ことがポイント。ここでミルクを使いすぎると後で足りなくなったり、ハートの中にハートが入らなかったりするので注意。

5

1つ目のドットの上部にミルクを注ぎ、注いだと同時にピッチャーを平行移動（前進）させる。この時にピッチャーの角度が深く入りすぎると、ミルクではなくピッチャーのスパウト部分で描きすぎてしまい、描いている姿が醜い、出来上がりの絵柄が不衛生、ピッチャーに付着したエスプレッソが絵柄と関係のない場所に落ちるなど、商品の価値を下げてしまうので注意。1つ目のドットが2つ目のドットを巻き込んでいくことを確認しハートインハートの2投目を終える。

6

この後はハートインハートの数を増やしていく。1つのドットで使うミルクの量を10とすると、前半部分（投入した場所）で使用するミルク量は「3」、その後平行移動しながら「7」のミルク量を使って、1つ前のドットを巻き込ませるという動作をする。これを習得することがハートインハートを美しく描くコツだ。手首をひねり過ぎたり、すくうような動作でハートインハートを作らないように意識しよう。

7

中心にミルクの細い線を引いて仕上げる。手数が多ければ美しいのではなく、目で見て美しいということがラテアートを描く上では重要だ。自分の技術に合わせてベストのモチーフを完成させよう。

「WING 3 & WING 4」作成のワンポイント

「ウィング2」よりも手数が増えるので、1回ごとのミルクの量、ピッチャー内のミルクの残量、ミルクの質感などはさらに意識しながら注がなければならない。

WING TULIP

ウィングチューリップ

最もスタンダードなウィングチューリップ

ウィングに、「レイヤー入りのドット」と「ハートインハート」で
構成されるチューリップを組み合わせたラテアート。ウィングも
レイヤーもピッチャーを振ることによって描かれる。絵柄の上部
に描かれるハートは「トップハート」とも呼ばれ、この写真・動画
のトップハート（ハートインハート）はドットを3個重ねたものだ
が、最初は1個のドットから始めて、徐々に落とす回数を増やし
ていくとよい。

MOVIE

ウィングを描く

1

かさ上げ（液体のかさはカップの半分以上、理想は6割）をした後、カップの中心にミルクを注ぐ。ドットが出たらピッチャーを振り始める。ここでドットが出る前から振ってしまうと、クレマリング（外観）やカップの下の部分がにじみ、きたないカップができてしまうので注意。

2

ドットが浮き上がったら、ピッチャーを振りながら前進する。振りの動作は、右利きでピッチャーを持つ場合は右から左へ、左利きの場合は左から右へとそれぞれピッチャーを動かす。前進する直線は体の向きと平行であることが、左右対称のデザインを作るための最低条件だ。振る回数は6回～12回が目安。振った模様が確実に浮き上がるようにコントロールできれば、それが自分の技術に合った振りの回数である。

チューリップを描く

3

ウィングを描き終えたらピッチャーを引き上げ、再びカップの中心にミルクを注いでドットを浮き上がらせる。

4

ドットが浮き上がると同時にピッチャーを左右に振ることにより、ドットに模様が入り、レイヤーの入ったドットができる。ここで振る回数は3回～7回が目安。

ハートインハートを描く

5

ハートインハートは、カップの傾きがなるべく水平に近い状態で描くようにする（カップを傾けた状態で描くと絵柄全体が上にあがるのでカップバランスが崩れる）。テンポよく一定のミルク量をリズミカルに注ぐ。

6

絵柄の中心にミルクの細い線を引いて仕上げる。

「WING TULIP」作成のワンポイント

カップの角度は流れていく模様を見て調整すること。感覚で描くのではなく、カップの状態を常に把握しよう。

WING STACK
TULIP 1-1-3

ウィングスタックチューリップ1-1-3

スタックの数を変えてアレンジ可能

ウィングに、「ドット」と「ハートインハート」で構成されるチューリップを組み合わせたラテアート。ウィングを描いた後、ドットを1個、続いてもう1個、さらに3個連続して落とし込む。チューリップを描く時はカップの傾きをなるべく水平に近い状態にするのがきれいに描くコツ。

MOVIE
▼

ウィングを描く

1

かさ上げ（液体のかさは
カップの半分以上）をし
た後、「ウィングチューリ
ップ」と同じ手順でウィ
ングを描く。

スタックチューリップを描く

2

カップの傾きを水平に近い状態にし、ドットを2個描く。どちらのドットも少ないミルクの量で、カップの上部から中心に向けてピッチャーを
平行移動させてミルクを注ぎながら前進する。1個目のドットは、ウィングがつぶれないように、2個目のドットは、1個目のドットとウィング
の間隔とのバランスを考えて茶色を挟みながら流し込む。

ハートインハートを描く

3   **4**   **5**

ハートインハートは、カップの傾きをほぼ水平に近い
状態にして描くことで、下部のウィングがつぶれたり、
全体のモチーフが上に引き上げられすぎることなくバ
ランスのよい仕上がりになる。

ハートインハートを描く時は、カップの上の方でミル
クを落とすこと。下の方で落とすと、出来上がる頃に
は模様が下寄りになって（ドットを押す動作が加わる
ため）、カップバランスが悪くなる。

中心にミルクの細い線を
引いて仕上げる。

「WING STACK TULIP 1-1-3」作成のワンポイント

パーツを作るたびに全体の絵柄を確認することが、バランスのよい仕
上がりを作るために必ず必要だ。

TAREN HEART IN TULIP

多連ハートインチューリップ

ハートインと3連チューリップの連続技

2016年「コーヒーフェストラテアート世界選手権」大阪大会準優勝の尾崎数磨氏がアメリカの世界選手権用に考案したモチーフ。ウィングの部分では絶妙な茶色と白色のコントラストを施し、その後ハートインを複数回行い、3連チューリップを描いて完成させる。細かい作業ながらも一つひとつのインパクトが絶大で非常に華やかな作品。高い技術を要し、美しく魅せるセンスがあってこそ描けるモチーフだ。

MOVIE

ウィングを描く

1

かさ上げ（液体のかさはカップの半分以上）をした後、カップ全体を俯瞰し速やかにミルクを投入する。この際、カップの角度や、ピッチャーの向きをしっかりと整えて投入しよう。ドットが浮き上がる時に注意してほしいのが、浮き上がりを確認してからピッチャーを振り始めること。浮き上がる前からピッチャーを振るとバランスの悪いウィングができやすい。ドットが浮き上がった後、振る回数は6回～12回。確実に模様ができる回数のみ振ること。4回目以降の振りで、少し前に進む。

多連のハートインを描く

2

ウィングを描き終わると、茶色い余白が生まれる。ここに連続してドットを投入するのだが、そのポイントとして「カップ内でのミルクの浮き上がりを常に確認しながら描く」こと。動画では比較的低い位置からミルクを投入しているが、これもミルクの質感やカップの形状によって異なる。そして「浮き上がったドットがどのように描かれているかを常に確認する」ことも重要だ。イメージで体を動かすのではなく、自分の動作が常にカップにどのような影響となってあらわれるかを確認するとよい。余白に上手くドットを落とすことができれば、さらにその中にドットを複数投入する。この際、常に1つ前のドットの中に次のドットが流れていくことを確認しながら投入すること。

3連チューリップを描く

3

正しく多連のハートインができると茶色い余白が上部に生まれる。この部分に均一に少量のミルクを投入する。ピッチャー内に残っているミルクがどれくらいあるかを把握しながら手早く行うことがポイント。カップを比較的平らな状態にするとバランスよく描くことができる。

> **「TAREN HEART IN TULIP」作成のワンポイント**
> ハートインでは自分の動きをイメージして注ぐよりも常にカップ内の
> 状態を観察し、その仕上がりに合わせて正しい動きを構築しよう。

WING ROSETTA

ウィングロゼッタ

〝ターナーメソッド〟の真骨頂

対流系のシンプルな絵柄の中でも非常に難易度の高いラテアート。ただウィングとロゼッタを組み合わせるのではなく、ロゼッタ自体の根元からサシが入り、かつ、そのミルクの流れがウィングを壊すことなく両方の絵柄をシンクロさせることがとても難しい。この部分が〝ターナーメソッド〟の真骨頂だ。

MOVIE

ウィングを描く

1

かさ上げ(液体のかさはカップの半分以上)をした後、カップの中心にミルクを注ぐ。ドットが出たのを確認したらピッチャーを振り始める。振る回数は6回〜12回。振った分の模様が確実に浮き上がれば、それが自分の技術に合った振りの回数である。

ロゼッタを描く

2

カップを比較的まっすぐの状態にして、ウィングの中心から少し間隔をあけた所にミルクを落とし、すぐにピッチャーを振り始める。振る回数は6回〜9回。

3

ピッチャーはカップに対して深い角度で入らないように注意する(カップとピッチャーのボディが平行になるイメージで注ぐとよい)。また、カップに近づきすぎてピッチャーを振ると、ピッチャーのスパウトが液面に当たって絵柄をつぶしたり、こぼれやすく不衛生な絵柄ができやすいので、少し高い所からピッチャーを振りながら後ろに進んでいく。そうするときれいにサシの入った鮮やかなロゼッタができやすい。

ウィングロゼッタを仕上げる

4

ここではシングルロゼッタの上部にハートインハートを描いている(ロゼッタだけで描き終える場合はカップのふちまで描く)。ハートインハートは、ロゼッタを描き上げる後半部分で一度注ぎを止めた後、カップをほぼ水平にしてテンポよくミルクを注ぐ。

5

中心にミルクの細い線を引いて仕上げる。

「WING ROSETTA」作成のワンポイント

ゆっくり描いているとミルクの質感が変化してロゼッタの中にきれいにサシが入らないのでスピードも要求される。

WING STACK TULIP
2-1-1-3

ウィングスタックチューリップ 2-1-1-3

ウィングスタックチューリップの応用

2-1-1-3 はウィングの後に行うスタック（積み重ね）の構成を数字で表している。2017年「コーヒーフェストラテアート世界選手権」東京大会の書類審査提出の際、「フレームドリップル」（P.150）の技法を取り入れた 2-1-1-3 を初披露し、1 位で審査を通過した。私自身にとっても非常に思い出深い作品の一つ。手数が多く難易度は非常に高い。

MOVIE

キャンバスを作る

1

かさ上げ（液体のかさはカップの半分以上）をする。特にこのアートでは、ミルクのスチーミングを完了した時からその質感を把握することが重要だ。ミルクの状態を見極めて次の動作を考えながらかさ上げをしよう。

ウィングを描く

2

「ウィングチューリップ」と同じ手順でウィングを描く。ウィング完成後、複数に及ぶ折り重なったチューリップを描かなければいけないが、この「手数が増える」という脳内での意識により、ウィングの精度が下がるという現象に陥りやすいので注意が必要だ。後半の手数が増えるからといって、ここでのメソッドが変わるわけではない。ウィングが完成するまではとにかくウィングの作成に集中しよう。

スタックチューリップを描く

3

「2-1-1-3」の部分を描く。ここでの必須条件はウィングをつぶさないこと。ウィングが完成した後にドットを重ねていくが、とにかく丁寧に行おう（しかし動きが遅いと、最初のドットを作る際から落下するミルクの状態が想定したものと変わってくるので注意）。1投目は中心よりもやや上部に浮き上がらせる。するとドットが出来上がった時にはカップの中心に1投目が完成。そこに丁寧に手早くドットを投入し、中心のハートインが完成。その後余白にドットを積み重ねていく。ミルクの状態によって注ぐ高さを調節し、フォームが多いと少し高めの位置から、適正の時はそれよりも近めの位置から注ぐ。動画を何度も見て動きを追ってみよう。スタック（ドットを回数重ねて投入）の際は、常にカップの絵柄を観察しながら注ぐことを忘れずに。

4

トップハート（ハートイン）を描いて絵柄を完成させる。ここでミルクの状態が時間の経過により固まってしまっている場合は、無理に回数を増やすことはせず、ハートインの数は少なくても構わない。難しいことをやろうとしすぎて出来上がりがきたない作品になってしまわないように、自分の技量を判断した上でトライすることも上達の近道。注いでいる過程でその先完成品がどのようになるのかを常にイメージして注ごう。

「WING STACK TULIP 2-1-1-3」
作成のワンポイント
動きにフォーカスするのではなく、素材の状態を常に把握して描くことが上達の近道。

WLB
-WING LAYER BASE ROSETTA-
ウィングレイヤーベースロゼッタ

トップの模様を変えてアレンジ可能

ラテアート世界チャンピオン(「コーヒーフェストラテアート世界選手権」東京大会優勝)の山口淳一氏が考案した作品。描く際のミルクの流れる様はまさしく Free Pour Latte Art！　ここでは7オンスのカップに描いているが、それ以上の大きなカップ(12 オンスのラテボウルなど)にも非常に適している。ダイナミックかつエレガントな絵柄でありながらも、抽出から提供に至るまでスピーディーに行われる所作もとても色気を感じる。非常に難易度の高いラテアート。

MOVIE

ウィングを描く

1

かさ上げ（液体のかさはカップの半分以上）をした後、カップの中心にミルクを注ぐ。ドットが浮き上がった時にミルクが前進する（右利きの場合は右から左にミルクが進む）瞬間を捉え、直後にピッチャーを振り始める。振る回数は6回以上。数多く振るのではなく、確実に模様ができる回数のみ振ること。

レイヤーを描く

2

ウィングが壊れないように、また模様が重ならないように茶色の余白を挟んだ状態でレイヤーを作る。この時にピッチャーを振る回数は5回程度でも十分。ドットが出たら振り始めるが、ミルクが自然と前に進む時はその場所で振り、進みが悪い時はピッチャーを前進させるとよい。

ロゼッタを描く

3

バランスよくウィング、レイヤーが完成したら、カップの上部に余白が生まれる。ここにロゼッタを描いて仕上げる。

4

小さめのカップだと、限られた余白に対してピッチャーをあまり振れないので、無理に振りすぎないように（4回くらいでも十分）。大きいカップで余白があると、回数を増やすことが容易になるが、この場合も「目で見て美しい」ということを忘れずに。ロゼッタを描く際にあまりカップを傾けないこともポイントの一つ。

「WLB -WING LAYER BASE ROSETTA-」
作成のワンポイント

トップの部分は、写真のようにロゼッタにハートインを施すもよし、よりシンプルなロゼッタでもよし。色々なアレンジが可能だ。

SPINNING TOP

スピニングトップ

こまのように見える特徴的な模様

トップに描くハートを一つだけ離れた場所に作ることによって上部がこま（独楽）のように見え、ウィングとロゼッタの根元の部分はこまが風を切って回るように見えることから、アメリカ在住の韓国人バリスタの Ujae 氏（2018年「コーヒーフェストラテアート世界選手権」チャンピオン）が「スピニングトップ」と名付けた。モチーフの種類としては「ウィングロゼッタ」の中に含まれるが、スピニングトップの部分にフォーカスしたかったのであえてパーツの名前を作品名にした。「ウィングチューリップ」やその他のコンビネーションアートにも使える技術だが難易度は非常に高い。

MOVIE

▼

ウィングの技術を用いてベースを描く

1

かさ上げ（液体のかさはカップの半分以上）をした後、カップの中心にミルクを注ぐ。ドットが出たのを確認したらピッチャーを振り始める。振る回数は9回〜12回。ドットが出た場所で3回振り、4回目以降はピッチャーを少し前進させることによりウィングを描き上げる。この後にロゼッタを描くので、ウィングを描き終わった後に、次にどの部分にミルクを注ぐかをしっかりと目で確認してから次の作業に移ること。

ロゼッタを描く

2

ロゼッタを描く時にあまり大きくピッチャーを振りすぎると、途中でベースのウィングの絵柄を壊してしまう。流れて前に進むミルクの動き、沈むミルクの量などをイメージしてピッチャーを振ろう。振る回数は6回〜12回。少ない回数でも十分に絵柄にインパクトが加わるので、無意識に振るのではなく、少ない数で細かく動作を決めて振ることから始めよう。カップとピッチャーのボディが平行に近い状態でピッチャーを振ることもポイント。

スピニングトップを描く

3

4

途中まではハートインハートと同じように注ぐ。この時に注意する点として、ハートインハートの数は3つ以上注ぐ（ハートインを3回以上行う）方が、スピニングトップとしての絵柄を表現しやすいということ。カップを平らに近い状態にして、少ないミルクの量を一定のテンポを保ちながら注ぐのもポイント。

最後のハートを、ハートインハートから少し離れた場所に描く。カップのふちの近くにミルクを注いでドットが浮き出たら、スピニングトップ全体を注視し、絵柄がほぼ完全に出来上がっていることを確認してから中心をミルクの線で切って完成させる。

> **「SPINNING TOP」作成のワンポイント**
> 一つひとつのパーツが出来上がる際に、その時の全体の仕上がりを確認しながら注ぐこと。

NYC 2-4-1

エヌワイシー 2-4-1

ニューヨークの地で描きたいと
何年も練習し続けたモチーフ

2014年にアメリカ・ポートランドで行われた「コーヒーフェスト
ラテアート世界選手権」で世界3位に輝いたのが私にとっての初め
ての入賞。その頃からウィングの後に描くチューリップが、普遍
的にかわいくて、視覚的にもチューリップに見えるものとして前
述の「ウィングスタックチューリップ」が生まれた。この作品をよ
りテクニカルの面でも向上させたのが「NYC 2-4-1」。今ではウィ
ングチューリップのスタンダードにもなっていて、自分としても
ラテアート冥利に尽きる作品。基本的な技術がしっかりできて、
手順通りに行えば必ず描くことができるモチーフだ。

MOVIE

ウィングを描く

カップの半分くらいまでかさ上げをした後、ミルクを注ぐ。真ん中付近にドットを浮き上がらせたら、ウィングを作る用法で土台となるウィングを描く。動画では12回ピッチャーを振って作成しているが、たとえば浅煎りの豆を使ったエスプレッソに注ぐ際は、振り数はもっと少ない方が色の配分としては美しい。回数にこだわらず、目で見て美しいものにつながる注ぎを徹底しよう。

スタックチューリップを描く

最初の「2」

中心より少し上にドットを作り、ハートインハートをカップの真ん中に作り出す。ハートインハートを描く際は、手首を意識せず、基本的に、肘を平行移動させた後に手首の動作につながるのが理想で、ハートインする際、1投目のドットが2投目のドットを包み込むのを確認することがとても重要。ドットの上部を注視すればきれいなハートインができる。

中間の「4」

最初の「2」の部分と同様の注意をしながらハートインの動作を4回行う（少ない回数から始めるとよい）。この複数回のドット投入時に特に注意したいのは、常に全体のカップを見渡しながら作ること。

仕上げの「1」

ミルクを流しすぎないように注意しながら空いた部分にドットを投入する。ミルクを「置く」イメージでドットをのせて、全体を見ながら切って仕上げる。切っていく時、距離が長いので、全体の絵柄の変化を俯瞰しながら一定量のミルクを注いで仕上げること。

「NYC 2-4-1」作成のワンポイント

全体の絵柄を注視しながら描くことと、最後切る時に、特にカップ全体を俯瞰して注ぐとよりきれいに描けるようになる。ピッチャーの中にどれくらいのミルクがあるかを把握しながら注ごう。

NYC 1-1-4-1

エヌワイシー1-1-4-1

夢であふれる
ニューヨークをオマージュ

「NYC」は私が2016年から愛し描いてきたモチーフであり、2019年、2020年とニューヨークでの「コーヒーフェストラテアート世界選手権」決勝の舞台でもこれとほぼ同じモチーフで戦った。人々の想いや夢であふれる街・ニューヨークにあやかって「NYC」と呼んでいる。1-1-4-1はウィングの後に行うスタック(積み重ね)の構成を数字で表している。シンメトリーなラテアートの中でも非常に難易度が高いので上級者向けのモチーフだ。

MOVIE
▼

キャンバスを作る

1

かさ上げ（液体のかさはカップの半分以上）をする。特にこのアートでは、ミルクのスチーミングを完了した時からその質感を把握することが重要だ。ミルクの状態を見極めて次の動作を考えながらかさ上げをしよう。

ウィングを描く

2

「ウィングチューリップ」と同じ手順でウィングを描く。

スタックチューリップを描く

3

「1141」の部分を描く。ここでのコツは、絶対に感覚で行わないこと。ウィングが出来上がった上部の余白の部分に、丁寧に確実に一つひとつを投入する。注ぐ高さもミルクの状態によって左右される。フォームが重い時は比較的高めの位置から注ぎ、適正の時は近めの位置から丁寧に注ぐなど、素材の状態に合わせて投入の仕方を変える。毎回、全体の絵柄がどのように変わっていくのかを眺めながら描こう。ハートインハートの4つの部分は、それまでのモチーフがどのように出来上がっているのか、また、自身のピッチャーでのミルクの使う量によっても注ぎ方が変わってくる。ウィングの両側が上がりきっていない時はピッチャーを傾けた状態の方が描きやすい。しかしこれをすると、ふちからミルクがこぼれて注ぎ方が雑に見えることもあるので、要はバランスが重要だ。動画では注ぐ時の動作がピッチャーをすくっているように見えるが、実際にはピッチャーの平行移動とミルクの安定した投入量によって美しいアートが出来上がる。最後のトップハートは「ここに落としたら一番美しい」と思える場所にミルクを投入し、常に出来上がりを確認しながら注ぎ終える。

> **「NYC 1-1-4-1」作成のワンポイント**
> ミルクをこぼさないよう意識しながらテンポよく注ごう。ただしテンポはよくても雑にはせず、常に丁寧に。

NYC 2-4-2

エヌワイシー 2-4-2

「NYC 2-4-1」のトップハートが変化

2-4-2 はウィングの後に行うスタック（積み重ね）の構成を数字で表している。シンメトリーなラテアートの中でも非常に難易度が高い作品。ウィングのラインがキャンバスの上を進み、ドットが一つひとつ流し込まれて絵柄が出来上がっていく様子は究極のモーメントだと言えよう。繊細かつ流れるような動きには日本情緒さえ感じてしまう。日本人の繊細さや絵心、美しいとされるものへの見方とコーヒーの文化、両方の側面から見てもこの作品はすばらしく、私にとっては最高の作品の一つだ。

MOVIE

ウィングを描く

「NYC 2-4-2」作成のワンポイント

常に絵柄が出来上がっていく様子を目で確認すること。
この精度が上がれば上がるほど状況判断力は上がる。

かさ上げ（液体のかさは
カップの半分以上）をし
た後、「ウィングチュー
リップ」と同じ手順でウ
ィングを描く。

スタックチューリップを描く

最初の「2」

最初の1投目は少し高めの位置からミルクをカップの中心よりやや上部に注ぎ、やや上部にドットを浮き上がら
せる。この時、ピッチャーの距離がカップに近すぎるとウィングの形が崩れてしまうので距離感に特に注意しよ
う。2投目は、出来上がったドットに対してミルクを流し込む（ハートインハート）。

中間の「4」

茶色の余白を挟んで4つのハートインハートを作る。ここでもカップの絵柄の出来上がり具合を常に注視しド
ットを流し込もう。動画を見ると、手首でピッチャーを動かして注いでいるようにも見えるが、実際には液面に
対してピッチャーが平行移動しているので肘が右から左に動いている（右利きの場合）。手首を動かすのは1回
ごとにハートインを投入し終える時であって、この点が非常に難しい。手首を無駄に動かしてすくうように注ぐ
とハートインができないだけでなくミルクも大量に使ってしまう。手早く少ない量で描き上げることが重要だ。

仕上げの「2」

上部の小さな隙間にハートインハートを完成させる。カップに近い距離からドットを複数回投入する。ここまで
の工程で時間をかけすぎるとハートインができないので、ミルクが動きやすい時間帯の中で必ず描き上げること
を意識する。いくらやってもハートインができない場合は、スチーミングから注ぎを終えるまでの時間を少し縮
めることで解決することもある。速い動作を行うことにより、雑な動きに見えてしまわないように。丁寧な作業
を心がけて手早く行おう。

SLOW HEART
–BOLD LINES SLOW HEART–

スローハート（ボールドラインズスローハート）

シングルハートをスロー系で表現

スローハートの「スロー」は、ピッチャーの動きやミルクの流れなどがゆっくりと視界に入り込むことに由来する。カップに流し込むミルクの量とピッチャーの動かし方を工夫することで、茶色と白色のコントラストが「レイヤーハート」や「ハートインハート」とは異なった印象になる。正しくピッチャーやカップを扱い、その時のミルクの質感とエスプレッソの状態を正しく判断し、その質感・状態に合わせて常に注ぎ方を調整する能力が求められるため難易度は高い。まずは、スロー系のモチーフを描く上で最も重要である「太いライン（BOLD LINES）を流す」というメソッドをインプットし、スロースタイルに挑戦だ。

MOVIE
▼

スローハートを描く

1

かさ上げ（液体のかさはカップの半分以上）をした後、カップの中心にミルクを注ぐ。ドットが浮き上がるとミルクが進行方向（前方、右利きだと右から左）に流れる。この流れを把握するのは一瞬で、ミルクの流れる距離も非常に短い。このミルクがエスプレッソを掻き分けて進んでいくことを常に意識しながら注ぐことが重要だ。

2

ピッチャーの動きはここから。左右のピッチャーの振りは大きく見えるが、実際には狭い幅でゆっくりと動いていることを動画を見て確認しよう。ピッチャーは振るというより「移動させる」イメージで動かすとよい。ただし、フォームの量、ピッチャー、カップの形状でピッチャーの動かし方は変えなければならない。ミルクの流れをしっかりと確認することが大切だ。

3

絵柄の広がりに対してピッチャーの進行方向や振りの早さ、高さを調整する必要がある。ミルクの流れ方によってはピッチャーを少し後退させて一定の量を流す必要があったり、左右に動かすスピードを少し早める必要があったり、さらには注ぐ高さも調整しなければならない。絵柄をより注意深く観察しながら最適な手段を瞬時に判断すること。

4

ピッチャーを振る（移動させる）回数は6回〜15回が目安。回数を増やして絵柄がにじむようなら回数を減らす。お客様に対して「ホスピタリティの高いラテアート」を提供する上でにじみを甘く捉えてはならない。

5

中心にミルクの細い線を引いて仕上げる。

「SLOW HEART
–BOLD LINES SLOW HEART–」
作成のワンポイント

「スローハート」を他のモチーフと掛け合わせることでラテアートのバリエーションは格段に増える。まずは「スローハート」をマスターしよう。

SLOW &
LAYER HEART

スローアンドレイヤーハート

インパクト大！　一筆描きで
シンプルかつ遊び心のあるラテアート

ドットのハート、レイヤーハート、スローハートなどハートだけ
でもたくさんの表現がある中、このモチーフはバリスタの描く姿
も魅力的でエンターテイメント性の高いラテアート。このモチー
フができるようになれば、上部にスワン、チューリップ、ロゼッ
タなどの組み合わせで無限大の表現ができる。

MOVIE
▼

スローを描く

1

カップの半分くらいまでかさ上げをした後、ミルクを注ぐ。この時にドットが真ん中より少し上付近に浮き上がることが理想。ドットが浮き上がることを確認できたら直ちにピッチャーを横にスライドさせる。この時、手首で左右に動かすのではなく、肘から動かすことが重要。ミルクの量が少なすぎるとキャンバスの上でミルクが浮きやすいので、その点に注意しながら注ごう。また、左右にスライドさせるスピードは使用するカップ、ピッチャーによって変わる。ここでは「FBC 7オンスラテボウル」と「ラトルウェア」12オンスのハンドルフリーピッチャーを使用していて、スライドさせるスピードは早めに行っている。スライドさせるスピードが遅い方がきれいに描けそうな場合は、ミルクの注ぐ量を増やせば同じような絵柄が注げる。自分の使うカップの形、サイズ、使用するピッチャーに合った手法を身につけてほしい。スローを作る時のスライドさせる回数は6回〜12回（3往復から6往復）がおすすめ。

レイヤーハートを描く

2

スローの部分が形どられた後は、中のレイヤーハートを作成する。この時に大切なのは、しっかり細かく力強く振ること。また、ここでもしっかりコントラストが生まれるように、ここまでの工程を手早く行うことがとても重要。スローの内部のレイヤーハートが出来上がったら、絵柄の中心を切って完成させる。

「SLOW & LAYER HEART」作成のワンポイント

スローのラインが作られていく際、茶色のラインがどのように流れていくかを目で追いながら描こう。

SLOW HEART
-FINE LINES SLOW HEART-

スローハート（ファインラインズスローハート）

スローの手法で細めのラインを描く

スローの手法を使って太い白色と茶色のコントラストを描くことによりこれまでとは違った表現を習得できたら、リズムを変えて違った表現を身につけよう。本書では、細かな線で描くラテアート「ファインラインズ」について後に詳しく紹介するが、同じファインラインズでも、ここで紹介するファインラインズはあくまでスローのモチーフと同じ描き方で描く。写真でも見てわかるようにシンプルな絵柄とはいえ、カップいっぱいに広がるスローハートのインパクトは絶大だ。流すスピードを早めて描くことはさらに難しくなるのでぜひ挑戦してほしい。

MOVIE

スローハートを描く

1

かさ上げ（液体のかさはカップの半分以上）をした後、カップの中心にドットを引き出して描き始める。前半のポイントは「早いリズムで多い流量で描く」こと。ドットが浮き上がった直後は多めの流量で8回～10回程度ピッチャーを左右に動かしながら注ぐ。この時に大切なのは、リズムも大事ではあるが、隙間に同じ太さの茶色のラインが入り込んでいくのを確認しながら注ぐこと。これを維持しながらピッチャーを左右に動かし、徐々に前進させることにより、最終的にバランスのとれた茶色のラインが左右均等に描かれる。茶色のラインを目で追いながら描くことがとても重要だ。

2

ここでは合計18回ピッチャーを動かしている。後半の8回～10回は少し流量を減らしながら振る。この時も前半と同様、茶色のラインを入れていくのだが、前半に比べて少し細いラインでも、出来上がりの線の太さはそれほど細くならないので十分表現可能だ。ミルクの流量を減らしつつ、しっかりと左右に模様が入っていることを確認しながら注ごう。

3

カップの傾きやピッチャーの角度が正しく扱えていれば左右のバランスのとれた美しいファインラインズスローハートが完成する。ただし、これに関しては一概には言えず、どのピッチャーとカップを組み合わせて描くかで大きく変わる。ここでは「FBC 7 オンスラテボウル」と「ラトルウェア」のラウンドスパウト（先が尖っていない）ピッチャーの組み合わせの場合での解説をした。組み合わせによっては左右の動きをそれほど大きく動かさずに、カップの傾きをコントロールすることにより描くことが可能になるが、大事なのは、隙間を流れる茶色のラインを目で確認しながら描くこと。その上で自分に合った描き方を見つけよう。

「**SLOW HEART** -FINE LINES SLOW HEART-」作成のワンポイント

前半と後半のミルクの流量のコントロールが重要だ。

SLOW WING 3
-SLOW TAZZY TULIP-

スローウィング3（スロータジーチューリップ）

スロー系とハートモチーフの
コンビネーション

「スローハート」と「ハートインハート」の技法を用いて描くラテアート。ウィングの技法を用いた「ウィングハートインハート」（別名タジーチューリップ）とはまた違ったコントラストとインパクトがある。スロー系の技法を使ったラテアートのバリエーションを増やす上で、まず最初に習得してほしいアートの一つ。とはいえ、2つの難易度の高い技法を組み合わせるので上級者向けのモチーフだ。

MOVIE

スローの土台を描く

1

このアートの土台（スローベース）の部分は、スローハートの技法と途中までは同じ。ミルクの質感と
エスプレッソの状態を理解し、絵柄の動き方をしっかりと観察しながらピッチャーを左右に動かす（体
の向きに対して縦のラインを意識して移動させるイメージ）。

2

スローベースの後半部分は、前進することで仕上げる。ミルクの流す量を安定させてピッチャーを左右
に振りながら前に進めることで、カップの上部に描くハートインハート用のスペースを作ることができ
る。振りの回数は前後半合わせて8回程度（スローの"振り"は一方向に進む回数でカウントする）。後
半の「前進」の動きがカップバランスを整える上でも重要だ。

ハートインハートを描く

3 **4**

ハートインハートは、できるだけカップをまっすぐにして、余白にテンポよくドットを入れていく。ス
ローベースで時間をかけすぎると、この時にはミルクの質感が固まり、アートだけでなく味にも影響す
るので手早く作り上げること。しっかりハートインができ、スローベースもきれいに仕上がっていれば、
素材を最大限に生かし扱うことができている証拠だ。

中心にミルクの細い線を引いて
仕上げる。

「SLOW WING 3 –SLOW TAZZY TULIP–」作成のワンポイント

カップを俯瞰し、ミルクの質感とエスプレッソの状態（素材）を上手く扱いさ
えすれば習得可能なモチーフだ。

SLOW WING ROSETTA

スローウィングロゼッタ

スローから小刻みな振りへ
動きの変化がポイント

「ロゼッタ」を描く技術と「スローウィング」を描く技術を備え持った上で、さらに一つひとつを自分らしく表現して描くことができるラテアート。スローウィングのゆっくりとした流れから一転、小刻みなピッチャーの振りでロゼッタを描くという動きの変化などから、トップレベルの技術であることが目で見て伝わるアートといえる。メソッドさえ理解できれば、自分らしいスローウィングロゼッタを描くことはそこまで難しいことではない。

MOVIE
▼

スローウィングを描く

1

かさ上げ（液体のかさはカップの半分以上）をした後、カップの中心にミルクを注ぐ。ドットが浮き上がるとミルクは進行方向（前方、右利きだと右から左）に流れる。ピッチャーの動きはここからで、ピッチャーは振るというより「移動させる」イメージで左右に動かすとよい。ここでもミルクの質感とエスプレッソの状態を理解し、模様の動き方をしっかり観察しよう。

2

スローウィングの後半は、前進することで絵柄を仕上げる。ミルクの流す量を安定させて、ピッチャーをゆっくり振りながら前に進めることで、カップの上部に描くロゼッタを美しく描くためのスペースができる。振りの回数は前後半合わせて8回〜12回くらいが理想的（スローの“振り”は一方向に進む回数でカウントする）だが、カップサイズによっては増やすことも可能。回数を増やしてもウィングの模様をくっきりと出すことができれば、非常にダイナミックで芸術性の高いベースを作ることができる。スローウィングの仕上げでは、前進しながらもクレマリング（外観）を壊さない絶妙な注ぎ具合が求められる。

ロゼッタを描く

3

ピッチャーを振りながら後ろに下がる。ウィングロゼッタなどに比べてスローウィングの部分で時間を要するためミルクが走りにくくなっているので、少し腕にスナップをきかせるイメージでやや強めに振るとよい。ここでは6回振ったが、サシの大きさをもっと大きくするためにより少ない数で振ってもよい。注ぐ距離を近づけすぎるとせっかく作ったウィング自体も吸い込んでしまうので注意しよう。

ハートインハートを描く

4

ハートインハートは、カップをできるだけまっすぐにした状態でテンポよくミルクを注ぐ（この時点でカップのふちからミルクがこぼれてしまう場合はカップを傾けすぎている、あるいは自分の技術よりもかけ離れたことをしている証拠）。カップの中心にミルクの細い線を引いて仕上げる。

「SLOW WING ROSETTA」作成のワンポイント

スローウィング、ロゼッタなど各絵柄を描く時の動きにフォーカスするだけでなく、それらの動きの後に、カップの中でミルクがどのように流れているかを常に注視すること。

SLOW &
LAYER TULIP

スローアンドレイヤーチューリップ

「スロー&レイヤー」の応用

「スロー」と「レイヤー」をつなぎ合わせたテクニックが「スロー&レイヤー」。この組み合わせのテクニックを習得することにより、絵柄のバリエーションが増える。ここではスロー&レイヤーを描いた後に「スタックチューリップ」を描いている。注ぐ時のピッチャーの動きと液面の模様の変化が視覚的にも非常に魅力的。素材を完璧に扱えないと描けない上級者向けのラテアートだ。

MOVIE
▼

スロー＆レイヤーを描く

1

かさ上げ（液体のかさはカップの半分以上）をした後、カップの中心にミルクを注ぐ。ドットが浮き上がるとミルクは進行方向（前方、右利きだと右から左）に流れる。スローを描く際は「振る」のではなく「移動させる」イメージでピッチャーを動かし始める。動かす回数は6回程度から始めるとよい。

2

スローのハート、またはウィングと同じようにミルクが流れ、太いラインの模様が生まれたら、そのまま振るリズムを変える。先ほどまでで「移動させる」イメージで動かしていたピッチャーを今度は小刻みに振る。回数は5回程度で十分だ。しっかりとコントラストが入っていることを確認しよう。この際、自然に模様が進む時はその場で振る。進みが悪い時は、ピッチャーを進行方向に振りながら進む。

スタックチューリップを描く

3

スロー＆レイヤーが完成すれば、カップの上部に十分な余白が生まれるので、そこにスタックチューリップを描く。しっかりと余白とピッチャーの角度を意識して何回も練習しよう。カップの角度は動画を参考に、カップの形状にもよるが平らに近い方が描きやすい。決められた場所に確実にミルクを注がないと、せっかく作った土台のスロー＆レイヤーが壊れてきたない作品になってしまうので丁寧に手早く行おう。

「SLOW & LAYER TULIP」作成のワンポイント

スローでゆっくり描きすぎるとレイヤーにしっかりと模様が入らない。適正なミルクを用いて手早く描こう。

SLOW ROSETTA

スローロゼッタ

スロー系×シャープなロゼッタ

スローの「ハート」や「ウィング」を描く方法でベースを作り、その後は細かい「ロゼッタ」を描く。この「スローロゼッタ」はタイの女性バリスタ、Ms.Nutthinee（2019・20年度 TLAC〈タイ・ラテアート・チャンピオンシップ〉チャンピオン）が好むモチーフであり、彼女が描くこの作品はとても美しく必見だ。私の紹介するこのデザインは彼女のものよりも難易度を少し下げ、振りの回数を少なめにしている。それでも振る数は非常に多く難易度が高いが、少しずつ振る数を増やして挑戦しよう。

MOVIE
▼

スローの土台を描く

1

かさ上げ（液体のかさはカップの半分以上）をした後、カップの中心付近にミルクを注ぐ。この後、ドットが浮き上がった時に上部から下に向かって流れるミルクのラインを瞬時に捉えることが重要であり、この流れがつかめない、またはラインが出ない場合はかさ上げの高さや、ミルクを落とす場所が間違っている可能性が高い。さまざまなラテアートで常にミルクの動きを俯瞰できていなければ、このアートを完成させるのは難しい。日々しっかりこの瞬間の集中力を高めよう。

2

ドットが流れる瞬間を捉えたら、すぐにピッチャーを左右に動かし始める。振るというよりは少し「移動させる」イメージ。この際すぐに移動させる必要はあるものの、激しく移動させたり、素早く振るわけでもない。これが非常に難しいが、とても練習しがいのある部分だ。ミルクの流量を一定に保ち、ピッチャーからミルクを供給し続けるイメージで注ぐ。かつ、ピッチャーを左右に移動させ、ミルクの流れを注視しながらピッチャーを左から右、右から左へという動きの中で「線と線の隙間に茶色のカラーが入っていく（サシが作られる）」様子を確認しながら描くことがポイント。左右に移動させる回数は6回〜14回くらいがおすすめ。回数はしっかり数えよう。

ロゼッタを描く

3

スローの部分が完成したら、そのままピッチャーの振りを変えて細かいロゼッタを描く。繊細な模様を描くためには「細かく振る」こと。振る回数は9回以上が望ましい。少量のミルクで描き、かつその隙間に茶色がしっかり入っていくと、この絵柄をより美しく見せることができる。

上部まで描き終えたら、ロゼッタの芯から上部にかけて描かれた茶色のサシを壊すことなく細いミルクで切って完成させる。最後の最後まで丁寧に描き切ろう。

「SLOW ROSETTA」作成のワンポイント

カップ上の絵柄を注視しなければいけないモチーフでもある。少し集中力が切れると右手は止まってしまうので根気よく練習しよう。

SLOWSETTA

スローゼッタ

「スローリーフ」を
アジア系バリスタがアレンジ

元々スローゼッタ系のラテアートはアメリカで最初に生まれたと
いわれるが、それとは全く別の軸として「スローリーフ」という作
品も存在する。スローリーフは「コーヒーフェストラテアート世
界選手権」大阪大会チャンピオンの東弘和氏が2012年に作り上
げたラテアート。そしてこれをヒントに、アジア系のバリスタが
アレンジし、少し簡単に描けるように作ったのがこの「スローゼ
ッタ」。スローゼッタには地域や人の個性が面白いくらい表現され
ていて、芸術性や描き方もバリスタによってさまざま。シンプル
でありながら、ミルクの正しい扱い方や、カップとピッチャーの
連動性を構築しなければ絶対に描けないモチーフだ。ここでは
゛ターナーメソッド゛で描き方を一から構築した。

MOVIE

ドットを浮き上がらせて土台を作る

1

かさ上げ（液体のかさはカップの半分以上）をした後、カップの中心付近にミルクを注ぐ。この後ドットの浮き上がりを確認するが、ここですぐにピッチャーを動かさないことが重要だ。動画ではドットが出てから動かし始めるまで約1秒間あり、この間にしっかりとミルクの流れを確認して、次の動作の準備をしよう。

スローゼッタを描く

2

ドットを確認できたら、左右に2回ずつ動かす（振るというよりは「動かす」イメージ）。2往復するイメージで注げばよい。この時は、ミルクの流量を多めに一定に流す。流れるスピードに合わせて左右に動かそう。

3

その後の動きは左右に2回ずつ〜4回ずつ程度、後ろに下がりながら左右に動かす。前半は流すイメージ、後半は落とすイメージで描きながら隙間に茶色のコントラストが入っていくことを目でしっかり確認しよう。

トップを仕上げる

4

合計8回〜12回程度の振りでカップの上部まで達したら一度注ぎを止める。ここでカップをなるべく平らな状態にして、ハートインハートの作成方法と同じ描き方でドットを流し込む。振る回数にこだわらず、絵柄ができ上がっていく様子を目で確認しながらベストな注ぎを行うことを心がけよう。最後は、ロゼッタならではの茶色のコントラスト（サシ）が上手く残るように丁寧に切って仕上げれば完成だ。

> **「SLOWSETTA」作成のワンポイント**
> 振りの動作では手首は固定し、肘から動かすイメージで。ピッチャーを動かした直後、ミルクの流れを確認しながら流す量をコントロールしよう。

FINE LINES HEART

ファインラインズハート

シンプルだけど超難度！
繊細なラインの細やかな美しさ

「ファインラインズ」は細い線が数多く描かれ、その一本一本の隙間にも細かなサシが入っていることから名付けられた。〝ターナースタイル〟のラテアートの特徴は、すべての動きに無駄がないこと。ピッチャーの振り数が増えると、どうしても振っているのに模様が出ていないことが多いので、細かい振りを行っても必ず一つひとつのラインを表現できることが重要である。ファインラインズのハートで一つひとつのラインを完璧に表現できれば見る者を魅了する力は計り知れない。ここでは24回振って描いているが他のモチーフと圧倒的な違いを見せるように、とにかくたくさん振ってみよう。

MOVIE

ファインラインズハートを描く

1

カップの半分くらいまでかさ上げをした後、カップの中心付近にミルクを注ぐ。ドットが浮き上がったら直ちにピッチャーを細かく振り始める。ここで重要なのはドットを引き出す際に、少量のミルクで、かつ前に流れるミルクを投入すること。少量のミルクで投入した際、微量のミルクが前進するのを瞬時に目で確認することがポイントだ。

2

ミルクの前進を瞬時に確認したら、振り幅を小さめにピッチャーを振る。ピッチャーを振り続けていくと、最初に流れたラインが広がっていくが、この時は全体を見渡しながら振り続けよう。次第に流れたミルクが中心の部分（ミルクが浮き上がっている部分）に戻ってくることを目で確認しながら注ぎ続けていくと、出来上がりがとても美しいものが完成する。振り続けていく上で、ただただ縦にレイヤーが広がっている場合は、ピッチャーが後ろに下がりすぎていることや、流す量が多すぎることが考えられる。上達のコツは「とにかく目で確認しながら注ぐこと」。完成した際に、出来上がりを見てミスに気づくのではなく、注いでいる際に何ができていないかを瞬時に確認できるようになれば上達は早い。

「FINE LINES HEART」作成のワンポイント

微量のミルクの流れから、ラインの広がりまで、とにかく目で確認しながら注ぐ。ドットが浮き上がり流れていく付近を特に注視しよう。

FINE LINES
SPINNING TOP

ファインラインズスピニングトップ

「ファインラインズロゼッタ」の応用

「ファインラインズロゼッタ」(P.144) のトップの部分を「スピニングトップ」(P.82) と同じ手法で描くことにより完成させたモチーフ。繊細に流れていく模様の移ろいを楽しみながら最後に小さなハートを描くこのコンビネーションアートは、注ぎ始めから仕上がりまでがスピーディーかつエレガントであり、とても魅力的だ。細かい線の広がり一本一本の間に極めて細いラインを確実に描いていくのはとても難しく、難易度は高い。

MOVIE

▼

ロゼッタを描く

1

カップの半分くらいまでかさ上げをした後、カップの中心にミルクを注ぐ。ドットが浮き上がる直前からピッチャーを振り始める（早いタイミングでピッチャーを振り始めるとクレマリングがきたなくなるので注意）。ドットが浮き上がり始めると、ほぼ同じ場所で一定のミルク量を流しながら振る。この際、ミルクの状態によってはピッチャーを前進、または比較的早く後ろに下がらなければならない。この動きの調整は、ミルクが流れる際に入り込む茶色のラインを目安にする。茶色のラインが太い場合は少しピッチャーを前進させてから後ろに早めに下がる。茶色のラインが細い場合は比較的ゆっくり後ろに下がる。ミルクの状態を常に観察しながら描くことが上達の近道だ。

スピニングトップを描く

2

スピニングトップは、トップに描くハートを、ハートインハートから１つだけ離れた場所に作る手法である。ハートインハートを描いた後、少し離れた場所にハートを作って仕上げる。ハートインハートは、全体のモチーフの仕上がり、ロゼッタの広がりを見ながら複数回注いでいく。カップいっぱいに絵柄が広がりきるのが早い場合に手数を増やすとかえってきたなくなるので注意しよう。

3

仕上げのトップハートはミルクを最少の量に抑えて、ハートインハートの少し離れたところにドットを落とす。そこからピッチャーを切って仕上げるが、全体の模様に影響しないように少量のミルクを注いで仕上げる。ここで注意が必要なのが、切り始めてからミルクの量がゼロになり注ぎ終えるまでの間で、この時間は特に全体の模様を見ながら注ぐこと。

> **「FINE LINES SPINNING TOP」作成の**
> **ワンポイント**
>
> 後ろに下がりながら振る時、ミルクの流れ方に集中すると手が止まることがよくある。そうなった時はカップ全体を俯瞰しながら振るとよい。

FINE LINES TULIP

ファインラインズチューリップ

手法のCOMBO!
各パーツの線の太さの違いがポイント

ファインラインズのメソッドをインプットしたら、動きを変えて
模様に変化をつけることにより表現がさらに広がる。ここでは「チ
ューリップ」と掛け合わせて色彩濃淡をより躍動感のあるものに
変化させた。難易度は上がるが、ファインラインズのハートの技
術を習得できていればそれほど難しくはなく、描いていてとても
楽しいモチーフだ。

MOVIE
▼

ファインラインズを描く

1

カップの半分くらいまでかさ上げをした後、ミルクを注ぐ。真ん中付近にドットを浮き上がらせたら、ファインラインズハートを作る用法でただちにピッチャーを細かく振る。ファインラインズハートの作成時と同様、少量のミルクで投入した際に、微量のミルクが前進するのを瞬時に目で確認することがポイント。ピッチャーは合計24回振っている。均等に24回振るわけではなく、15回振った際に一度ピッチャーの振りを止めて、ミルクだけを流してすぐに振りを再開させて9回振っている。この動きの変化により絵柄にも変化をつけた。最初の15回はファインラインズハートと同じ注ぎ方、振り方を行う。後半の9回は、スローアンドレイヤーハートのレイヤーハートの部分（P.93）と同じような振り方で細かく力強く振ろう。

チューリップを描く

2

ここではウィング4（タジーチューリップ、P.69）と同じ用法で4回のハートインハートを施した後、トップに1つのハートを描き、上部にもインパクトをつけている。ハートインハートを中心より少し上部に注ぐことにより、最上部に空いた場所を作り、その部分にドットを投入してトップハートを完成させる。ハートインハートの部分を、ここで描いたものよりも上部に描けば「ファインラインズウィングハートインハート（ファインラインズタジーチューリップ）」の完成だ。表現は無限大なので色々と挑戦してみよう。

「FINE LINES TULIP」作成のワンポイント

技術が高まってきたら、ファインラインズ作成時に動きを変えるなど遊び心をもって描いてみよう。

INVERT

インバート

カップを反転させて描く

インバートとは反転という意味で、その名の通り途中でカップを反転させて描き上げるラテアート。諸説はあるが、2008年にアメリカのラテアート世界チャンピオンである Mr.Nicely Abel が最初に描いたとされる。若尾信也氏がアメリカ・シアトルの「コーヒーフェストラテアート世界選手権」で 2012年に披露しベスト8まで勝ち上がるなど、当時、日本でもとてもポピュラーとなった。ここでは反転させた後も「ロゼッタ」を描いているが、模様の組み合わせは自由。反転させる前のロゼッタを「チューリップ」に変えたり、後半のロゼッタを「スワン」に変えるなど、色々な組み合わせに挑戦してみよう。

MOVIE
▼

キャンバスを作る

1

右利きでピッチャーを持つ際、カップは取っ手が自分の体に対して垂直に向いているが、この絵柄を描く際は取っ手は180度逆側を向く。取っ手とカップの両方を持ってラテアートを描けないので、手で覆うようにカップを持とう。この際、飲み口に指が当たらないように注意して持つこと。カップ内の液体のかさが半分以上に達するまでかさ上げをする。

ロゼッタを描く

2

カップの中心にミルクを注ぎ、シングルのロゼッタ（P.51）と同じ手順でロゼッタを描く。ピッチャーを振る回数は、最初は6回〜9回くらいから始めるのがおすすめ。

カップを反転させる

3

ピッチャーを振りロゼッタが広がったら、切らずにそのままカップを反転させる。この際、中の液体まで回転してしまわないように丁寧に行おう。

ロゼッタを描く

4

カップを反転させた後、もう1枚のロゼッタを描く。この時のカップの傾きは、ほんの少しの傾斜でも十分描ける。

5

ピッチャーの形や提供するカップによっても異なるが、ミルクを投入する際のピッチャーとカップとの距離感が重要だ。ここでは両者の距離は近すぎず、ピッチャーの中から押し出されるミルクの流量を上手く操りながらロゼッタを描く。少ないミルクの流量ではなく、しっかりと流すことがコツ。後ろに下がる際は、振る回数は4回以上。慣れないうちは極めて少なく描いた方が清潔な絵柄ができやすい。常に中の絵柄の状態を注視し何度も練習しよう。

WING SWAN

ウィングスワン

2つの技法で描かれる白鳥

「ウィング」と「ロゼッタ」の技法を用いてスワン（白鳥）の模様を描くことができる。これまでの絵柄では左右を対称的に描く技術が要求されてきたが、このスワンに関してはそれがないかわりに「左右の模様のエレガントさ」や「茶色と白色のコントラスト」に描く人の想いや技術が表れる作品だといえる。

※鳥を描くアートは「スワン」と呼ばれることが多い。二枚羽があると「フェニックス」と呼ばれることもある。大きな決まりはないが、片面にのみ羽が存在する場合は大抵「スワン」と呼ばれる。

MOVIE

土台を描く　スワンの羽を描く

1

2

3

かさを上げて、ウィング
を描くまでの手順はウィ
ングロゼッタ（P.77）と
同じ。写真はスワンの羽
の、描き始めの1投目。

ロゼッタの技法を用いて羽を描く。ピッチャーを振る
回数は6回くらい。ポイントは、カップを比較的まっ
すぐの状態にして描くこと。傾けすぎるとこぼれたり、
土台のウィングが上に伸びすぎて余白のバランスが悪
くなる。また、ピッチャーはカップに対してできるだ
け平行にすること。カップとの距離感は近くても、遠
くても描ける。

羽の上部まで進んだらミルクの量を減らして端の部分
を切る。ここでミルクを落とす量が多いと羽の中のコ
ントラストもすべて吸い込まれてしまうので必ず少な
い量で切るようにしよう。この端の部分を切ってから
顔までの工程は一筆で描くことも可能だが、まずは一
旦止めて描くことから覚えるとよい。

スワンの首を描く

4

スワンの首を描くため、まずはドットを羽の根元付近に落とす。この時にウィング
と羽の模様が消えないところにドットを落とすこと。そこから手早く上部までミル
クを注ぎながらピッチャーを移動させる。この移動させる時の軌道を極端に表現す
ると、釣り針の針が描くカーブに近い。少しカーブさせる動きを加えて上部に上が
るとよい。

スワンの顔を描く

5

最後にスワンの顔を描く。上部にドットを再度落とし込むが、ドットが出たらそれ以上ミルクを落としすぎない
こと。ドットが出た状態でミルクの注ぐ量を最小限に減らし、少しだけピッチャーを小刻みに振ることによって、
ミルクが沈まず、絵柄も吸い込まれずに顔の部分を作ることができる。顔を仕上げる際、斜めにピッチャーを切
って注ぎ終わることにより、クチバシの部分もきれいに描ける。

「WING SWAN」作成のワンポイント

まずは普遍的なスワンを完成させ、そこから自分らしい絵柄に変化さ
せていこう。

PHOENIX

フェニックス

ザ・トラディショナル！
羽を2枚描いて表現するフェニックス

ウィングという土台のモチーフが2010年頃に広まり、業界の間で世界的なセンセーショナルが起きた後、小さいロゼッタ（リーフ）を得意とするバリスタたちがこぞって挑戦したラテアート。お客様に提供した時のインパクトも非常に大きく、非常に遊び心のある作品。ミルクの対流を上手に使ったダイナミックな「フェニックス」をイメージして描こう。

MOVIE
▼

ウィングを描く

1

カップの半分くらいまでかさ上げをした後、ミルクを注ぐ。この際にドットが真ん中付近に浮き上がることが理想。ドットが浮き上がったらウィングを作る。ピッチャーを振る回数は6回〜12回程度がおすすめ。

鳥の羽を描く

2

ウィングの上部・左右にロゼッタを描く。カップサイズ、ピッチャーのスパウトの形状にもよるが、ここでは「FBC 7 オンスラテボウル」、「ラトルウェア」のハンドルフリーピッチャーを使用。ラトルウェアのピッチャーの場合、前にミルクが流れやすいのでその良さを利用して、ウィングの上部あたりにドットを投入してミルクのラインが重なり合うように描き、躍動感を表現している（動画参照）。羽を作る部分は4回から6回くらいの振りで十分に美しいものができるので振り数の多さはそれほど重要ではない。また、ピッチャーのスパウトがシャープスパウト（細いタイプ）の場合は、少ないミルクを注いで細かく振ることにより、細かい模様の羽ができて、これも美しい。目で見て美しいものを常にイメージして注ごう。

鳥の首と顔を描く

3

首の根元（カップの中心付近）にドットを投入する。この際にピッチャーと液面との距離が極めて近い方が描きやすい。その後上部に移動しながら細い首の部分を描くが、この時はピッチャーとカップの距離が近すぎないことが重要。近すぎると首が太くなり不格好な仕上がりになってしまうので、上に移動する際は少し遠目から注ぐ。上部まで移動するともう一度ピッチャーを近づけてドットをのせるイメージで顔の部分を作る。顔の部分が出来上がったら最後にクチバシを描くが、この時は、フォームドミルクの「沈むミルク」と「浮き上がるミルク」のバランスを考えて仕上げる。浮き上がるミルクが多すぎるとクチバシの先が大きくなるのでしっかりと目で確認しながら描こう。

「PHOENIX」作成のワンポイント

羽の部分を作成する時、ミルクの質感を把握し、注ぐ高さを調整しよう。

ROSETTA WING PHOENIX

ロゼッタウィングフェニックス

「ロゼッタ」×「ウィングスワン」の技法

「ロゼッタ」の動きに別の模様と技術を加えたコンビネーションアート。ロゼッタ自身が羽となり、土台の広がりはウィングのように羽と化す。小さなロゼッタ（写真左上の羽の模様）を加え、さらに「ウィングスワン」を描く技術を組み合わせて作る。土台となるロゼッタの対流をコントロールすることで、カップいっぱいに広がる絶妙のコントラストが生まれ、そこで出来上がる鳥の模様が不死鳥のようなエレガントさをまとう姿から「フェニックス」と名付けられた。非常に高い技術が求められるモチーフだ。

MOVIE

ロゼッタの技術を用いて土台を描く

1

かさ上げ（液体のかさはカップの半分以上）をした後、カップの中心にミルクを注ぐ。ドットが出たら、ピッチャーを前進させながら細かく振り始める。クレマリング（外観）が壊れないように全体の絵柄を注視しながら振ること。

2

右後ろ方向に下がりながらピッチャーを細かく振る。湾曲した後退ではなく直線でも構わない。上部に達したらミルクの注ぐ量を減らし、そこから出来上がった絵柄の左端に沿ってミルクを一定量垂らしながら先端で切る。

鳥の羽を描く

3

カップを平らに近い状態にし、カップの左上に小さいロゼッタを描く。この時ミルクはエスプレッソの上に乗るイメージで注ぐとよい。ここまでの全工程を手早く行えば、カップが平らに近い状態で注いでも程よくミルクが流れるので鮮やかなコントラストが入りやすい。

鳥の首と顔を描く

4

ここからはウィングスワンのおさらい。まずドットを羽の根元付近に落とす。この時に左右のロゼッタの模様をつぶさないように注意すること。

「ROSETTA WING PHOENIX」
作成のワンポイント

ミルクの質感によって各パーツへの影響が変わる。最後まで全体の絵柄を俯瞰しながら描こう。

5

ドットを確認できたら、手早く上部までミルクを注ぎながらピッチャーを移動させる。少しカーブさせる動きを加えて上部に上がるとよい。これでフェニックスの首が完成。

6

最後にフェニックスの顔を描く。ドットが出たらそれ以上ミルクを落としすぎないこと。左右には羽があり、顔を描ける部分が非常に狭いため、ミルクの流れ方によっては他のパーツを吸い込んでしまうので、周りの絵柄を見ながら慎重に注いで顔を仕上げよう。

FRAME WING TULIP

フレームウィングチューリップ

ターナーウィングにフレームを飾り付ける

フレーム（枠）でウィングチューリップを囲むことにより濃淡を
際立たせるモチーフ。私自身は普段はあまり描くことが少ないが、
これもラテアートを描く上では身につけておきたい技術の一つだ。
ここでは真ん中にウィングを描いた後、「ウィング4」の上にトッ
プハートを施したが、これ以上の手数で描くもよし、もっとシン
プルに描くもよし。エスプレッソの質などを考えて最も美しくバ
ランスのとれたデザインを選ぶことが重要だ。

MOVIE
▼

フレームを作る

1

かさ上げ（液体のかさはカップの半分から6割くらいまで）をした後、カップの真ん中付近にドットを少量のミルクで浮き上がらせて、浮き上がったと同時に傾けているカップを少し平らに傾け始める。平らに傾けている時に、ミルクの流量を保ちながら少しだけピッチャーを前進させるとハートに似た形で、中心部分が少し茶色にくぼんだ部分が生まれる。この形を作るイメージでミルクを注ぐことが重要だ。

ウィングを描く

2

ウィングを描く際は、通常よりも力強く振るとよい。なぜならばウィングを描く前にフレームの工程を一つ加えているため、通常のウィングを描くタイミングよりもミルクが時間経過により流れにくくなっているから。流れを追いかけて振る（揺らす）というよりはしっかりと力強く振って、コントラストを入れていくイメージで描くとよい。この時、ウィングを描きやすい場合はピッチャーの前進はゆっくり進めるとよいが、この動画でもあるようにウィングの後半部分はしっかりと手早くピッチャーを前進させている。これは後半、ピッチャーを前進させなければウィングがきれいに描けないと判断したため。注ぐ時間をかけすぎるとミルクは流れにくくなる。手早くすればミルクは比較的流れやすいが、その分、バランスのよいデザインを描くのが難しくなるので注意しなければならない。これらの判断力を高めるためにはウィングがどのように描かれていくかを常に目で追うことが重要になる。

ハートインとトップハートを仕上げる

3

ここでは4−1（4連のハートインハート、シングルハート）と描いているが、手数が多いことと美しいことはイコールではないのでそれを忘れないこと。4つのハートインハートを描きながら、両サイドのフレームの広がりを観察し、上の余白部分にトップハートを施して全体的にバランスが整うように仕上げる。トップハートを施さずにフレームウィング4（フレームウィングハートインハート）を描く場合は、4つのハートインを少し上部に描き、フレームの左右のバランスを見ながら仕上げれば同じように美しいデザインが生まれる。全体のバランスを考えてモチーフを完成させよう。

「FRAME WING TULIP」作成のワンポイント

時間がかかりすぎるとミルクのコントロールが難しいので手早く注ごう。

FRAME WING
ROSETTA

フレームウィングロゼッタ

「ウィングロゼッタ」にフレームを入れる

フレームとは、中心部のモチーフの周りに白い枠（フレーム）を覆う手法。カップ内の外側の部分（クレマリング）から次第に模様が現れる絵柄（たとえばレイヤーハートやウィング、ロゼッタなど）よりも茶色と白色の濃淡がはっきりするため、非常にインパクトのある手法だ。フレームを作るのに時間がかかるので、それ以外の手順で余計な時間をかけてしまわないように気をつけよう。

MOVIE

フレームの土台を作る

1

かさ上げ（液体のかさはカップの半分から6割くらいまで）をした後、カップの中心にミルクを注ぐ。ドットの浮き上がりを確認できたら、ピッチャーとカップの距離感を保ちながらカップの傾きを少しだけ平らに近づける。その後、ハートを描く要領でミルクを流し、ハートの中心部分に茶色の余白を残して一度注ぎを止める。

**「FRAME WING ROSETTA」
作成のワンポイント**

手早く描くことができれば各パーツできれいな模様が浮かびやすい。

ウィングを描く

2

再び注ぎ始める。通常のウィングを作る時よりも少し左右の振りを強めにするように意識して描く。

ロゼッタを描く

3

ウィングを描き終えたら、手早く正確にドットを落とす。この際、ドットを目で確認したらすぐにピッチャーを振って後ろに下がる。

ハートインハートを描く

4

仕上げのハートインハートは、ハートを入れるごとに両側のフレームが上がってくるのでそれを確認しながら、最も美しいと思えるタイミングで注ぎ終える。注ぐ数が多ければ良いのではない。仕上がりを意識して適正な数を流し込もう。

HANGING HEART

ハンギングハート

ハートをぶら下げるように描く

ロゼッタの先端でピッチャーをスライドさせて、そこにハートインハートを描く。このモチーフの歴史は意外にも古く、「ハート」「チューリップ」「ロゼッタ」といったベーシックなデザインが出来上がった後、早い段階でこの手法が使われるようになった。私の知る一番古い情報では2000年代の初め頃。このトラディショナルなモチーフをここではハートインハートを施して〝ターナースタイル〟で表現している。このモチーフは、ロゼッタを描いた後に一度注ぎを止めて余白にハートを描くことでも十分美しく描くことができるが、私は「ハンギングハート」の意を自分なりに考えて途中で注ぎを止めずに横にスライドして描いている。美しいロゼッタ、美しいハートを描く技術が求められる難易度の高いラテアートだ。

MOVIE

ロゼッタを描く

1

かさ上げ（液体のかさはカップの半分から6割くらいまで）をした後、カップの中心にドットを引き出して描き始める。ウィングや「ロゼッタ15」を作る方法と同じようにピッチャーを9回振りながら前進させて土台を作り、6回振りながら下がってロゼッタ部分を完成させる。全体の出来上がりとしてはロゼッタが大きく広がっている方が茶色と白色の配分が美しい。

ハートをぶら下げる

2

ロゼッタでカップの上部まで下がった後は、ミルクの流量をやや少なくして横にスライドさせる。この時、振っていた手の動きを止めつつもミルクの流量を止めることなくスライドさせるが、これが非常に難しい。横にスライドさせるのが慣れないうちは、ミルクの流量を変えずにスライドさせるか、一旦ロゼッタで注ぎを止めてから余白にハートインハートを施す方法で描こう。

「HANGING HEART」
作成のワンポイント

序盤はロゼッタを描くことだけに集中しよう。

3

ハートインハートを描く際は左右のバランスなどを意識しながら注がなければならない。ピッチャーの先がずれていたり、ミルクの流量が安定しないと濃淡がはっきりしなかったり片側が小さいハートができてしまうので最後まで集中して描き切ろう。

HALO TULIP

ハロチューリップ

゛光の輪゛を表現するラテアート

ハロとは、聖像などの頭部を囲む光の輪のことを指す。この光の輪を、ウィングとチューリップと掛け合わせてラテアートで表現した。このモチーフ、日本では特に何と呼ぶかは決まっておらず「○○さんがよく描く、ウィングの後に両脇がリーフになったあのアート」というように使用する技法を一つひとつ丁寧に言葉にして会話するという方法をずっと続けてきた。アメリカではこのモチーフを以前から HALO TULIP と呼んでいるため、ぜひ今後これを共通の呼び名として掲げられたらという願いも込めてこの呼び名で紹介する。「ハロ」の発音をカタカナで表すと「ヘイロ」、そのまま読むとハロとなり、実際にこんにちはの「ハロー」のように伸ばさないことからハロチューリップとカタカナでは表記する。

MOVIE

ウィングを描く

1

かさ上げ（液体のかさはカップの半分から6割くらいまで）をした後、ウィングを描く。ピッチャーを振る回数は6回～12回程度。ウィングを作る際、強く振りすぎたりミルクの流す量を多くしすぎて模様が大きく広がらないように注意しながら注ぐ。

両脇に描かれる「リーフ」について

"ターナースタイル" ではこれまでのカップの下部より上部に伸びて広がる葉のようなモチーフは「ロゼッタ」と呼んでいる。1990年代前半に描かれたとされる元祖ロゼッタは、ロゼット状という模様に近いことからロゼッタと呼ばれたのが始まり。そこから海を渡り、技術が進歩し葉っぱに見えるようになり、日本ではロゼッタでも「リーフ」と呼ばれるようになった。一般認識としてはリーフでもロゼッタでもどちらでも構わないが、コーヒーのプロフェッショナルとしてラテアートを語る上ではロゼッタと呼ぶのがよいだろう。

「リーフ」とは、ドットが両脇に広がらず、縦に伸びるモチーフのこと。ロゼッタを描く時と同じようにドットを引き出し、ドットが広がる前にピッチャーを振りながら後ろに下がれば描くことができる。のちに紹介する「トリプルロゼッタ」の両脇の葉の部分や、「ファイブリーブス」の中心以外の4枚の葉などがリーフに該当する。これは世界共通の認識である。

リーフを描く用法でハロの部分を描く

2

両脇に描くリーフの部分ではピッチャーを振る回数は左右とも4回～7回くらいで十分だ。静かにドットをウィングの中に落とし、浮き上がった後に注ぐ量をキープしながら瞬時に後ろに下がる。P.117で紹介したフェニックスの羽の部分の描き方と序盤は同じ。ドットを確認してからピッチャーを振りながら下がった後、リーフ自体は最後まで完成させず、そのままにして次のハートインハートの工程に移る。

ハートインハートを描く

3

ハートインハートは中心より少し上部にミルクを注いで完成させる。この際、両脇の模様がどのように変化するかを確認しながら注ぐと、回数を重ねるごとにベストの注ぐ位置を習得することができる。常にカップを俯瞰しながら注ぐことが重要だ。

トップハートを描く

4

最後のトップハートの部分できれいなハートを描かなければこのモチーフの良さは生まれない。ピッチャーの中のミルクの残量を把握しながら注ぐことがポイントになる。ドットを沈ませてしまわないように、丁寧にミルクを落として全体の模様を観察しながら仕上げよう。両脇の2枚のパーツがチューリップを包み込む、美しいハロチューリップを完成させよう。

OAT MILK ROSETTA

オーツミルクロゼッタ

植物性飲料「オーツミルク」で
ロゼッタを描く

日本でも以前から豆乳を使ったエスプレッソドリンク「ソイラテ」
やアーモンドミルクを使った「アーモンドミルクラテ」などの植
物性飲料が、ヴィーガンの人や牛乳が苦手な人、そして乳糖不耐
症の人々からコーヒーの楽しみ方の一つとして親しまれてきた。
2020年より、オーツ麦を使った「オーツミルクラテ」が日本に上陸。
直後に大手スペシャルティコーヒー店が取り扱ったことも奏功し、
一気に日本中に広まった。今日では、これらの植物性飲料を選ん
でカフェラテを飲む人が増え、単にブームではなく文化としての
位置づけがようやくされてきた。「オーツミルク」を使用してラテ
アートを描く場合、少し牛乳とは違ったアプローチが必要なので、
それらも解説しながら「ロゼッタ」の描き方を紹介しよう。

MOVIE

オーツミルクのスチーミング

私がアンバサダーを務める「マイナーフィギュアズ」のオーツミルク（写真）は、フォームドミルクの泡を作り出すタンパク質や乳脂肪の働きを有機食用ひまわり油で補っているのでラテアートも描くことができる。オーツミルクのスチーミングのコツは、しっかりと泡を入れること。牛乳と同じ感覚でスチーミングをすると口当たりがサラサラしていたりと、ラテならではのテクスチャーを感じられない。スチーミングを開始したら、序盤でしっかりと泡を入れてボリュームアップさせよう。出来上がりのフォームドミルクがきれいになじんでいない場合は、注ぐ前にピッチャーを回す、揺らすなどをすればまとまりやすくなる。

オーツミルクでのキャンバスの作り方

1

これまでに行ってきた〝ターナースタイル〟のかさ上げをすれば特に問題なく美しいキャンバスを作ることは可能だ。どちらかと言うと太めのミルクを注ぐと、実際にラテアートを描く時に、白色と茶色の境目を芸術的に表現しやすい。ただし、使用するコーヒー豆のエイジングや焙煎度合い、抽出のレシピによって違いが生じるので、素材を上手く扱う方法として注ぐ量、スピード、カップとピッチャーの距離などを調整する。その豆で表現したい味に合わせて自分なりにベストを見つけよう。

ドットを引き出してからロゼッタを描く

2

ドットを引き出す時、フォームドミルクとエスプレッソがどのように交わるかを瞬時に判断してピッチャーを動かすことが求められる。クレマが固い時は、しっかりと力強く振る。エスプレッソがサラッとしている時は流れやすいのでピッチャーを振る力を抑えめにして、流れの中に茶色のコントラストが入っていくのを目で確認しながら後ろに下がるなど、ラテアートを描く上で牛乳以上に柔軟な対応が求められる。

3

ここでは9回の振りでロゼッタを完成させており、「ロゼッタ9」（P.59）の注ぎ方に近い。基本的なモチーフを描くことで、使用する豆（エスプレッソ）に合ったオーツミルクのベストな注ぎ方を見つけることができる。

> **「OAT MILK ROSETTA」作成のワンポイント**
>
> どのような豆においても、まず、ロゼッタやハートなど、シンプルなモチーフから始めて、オーツミルクで描くラテアートのバリエーションを広げていこう。

WING ROSETTA 8OZ

ウィングロゼッタ8オンス

8オンスカップと
12オンスピッチャーでの描き方を紹介

8オンスのカップを使って提供するカフェやコーヒースタンドは
非常に多いものの、これに合う容量のピッチャーを選ぶのは意外
に難しい。20オンスのピッチャーだとミルクを多く入れないとス
チーミングが上手くできなかったり、多めに入れてスチーミング
できてもミルクがたくさん余る。近年では14オンス前後のピッ
チャーも海外から正規品として輸入され購入できるようになって
きたものの、まだ持っていない人も多いだろう。これまでに描い
た小さめのカップ（6〜7オンス）のラテアートにはすべて12オ
ンスのピッチャーを使用していることもあり、ここでは12オン
スピッチャーを用いた解説を紹介する。

MOVIE
▼

ミルクの量は180〜195グラムがおすすめ

1オンスはグラムで表すと約28.3グラム。8オンスカップの場合、水だと約226グラム、牛乳だと約232グラムでカップいっぱいを満たすことになる。スチーミングによって作られたフォームドミルクは体積が増したもので、実際に使用するミルクの量は1杯につき180〜195グラム。この量が8オンスカップに適した量であり、無駄のないミルクの量だと言えよう。

スチーミング 〜横から斜め、縦への3D攪拌〜

1章で解説した〝ターナースタイル〟のスチーミングが習得できていれば問題はない。コツとしては、攪拌させる際、ピッチャーからミルクがあふれないようにすること。使用するエスプレッソマシンのスチーム圧にもよるが、ピッチャーを傾けすぎずにミルクを攪拌できるポジションを見つけなければならない。縦の回転が多すぎてミルクがあふれないこと、そして横、斜めとミルクの対流がピッチャー内で生まれていれば適正なスチーミングができている証拠だ。

ウィングロゼッタ8オンスを描く

1

キャンバスを作る際のかさ上げの量はこれまでのカップの時と同じでよい（カップの半分から6割くらいまで）。対流止めを行った際、傾けたカップを俯瞰し、茶褐色の斜面にミルクをすべらせるイメージで注ぐとくっきりと白いドットが浮き上がる。ウィングを描き始める際、序盤にこのラインがはっきり出せればかさ上げの量は適正な証拠。

2

動画ではウィングの部分で9回、ロゼッタの部分で6回ピッチャーを振っている。8オンスのカップでこれだけの振り数でウィングロゼッタを描くことができれば、白色と茶色の配分もすばらしくインパクトのあるラインが生まれる。まずはこの振り数でこのモチーフを描けるようになることが上達の近道だ。これ以外のモチーフ、たとえばレイヤーハートやシングルロゼッタなどでも、振り数を決めて注ぐことが重要。

> 「WING
> ROSETTA 8OZ」
> **作成のワンポイント**
>
> ミルクの量を常に計り、
> 自分にとってベストな
> 量を見つけよう。

3

12オンスのピッチャーを使い180〜195グラムのミルク量で描く場合は、後半部分でピッチャー内のミルクの量が非常に少なくなっている。描いている最中にミルクがなくなることがないように常に残量を把握して注がなければならない。この作品では、ハートインハートを2回行ってモチーフを完成させているが、ハートインの回数が多ければ美しいというわけではなく、目で見て美しいと思えるモチーフを描くことを常に考えて注ごう。

TO-GO ROSETTA

トゥーゴーロゼッタ

シンプルな動きで美しいロゼッタを
TO-GOカップに描く

TO-GOカップ（テイクアウトカップ）に描くラテアート。カップ
ごとに形状が違うため、かさ上げの高さが大きく異なるが、原理
さえ理解すれば難易度が特別高いというわけではない。もちろん、
どんなモチーフでもこれまで使用してきた底の浅めの陶器のカッ
プと同じクオリティで描くことは困難だが、ピッチャーの振り数
の少ないモチーフや手数の少ないモチーフなら比較的大きな違い
はない。テイクアウト主流のカフェや、イベント出店などで特に
スピードが求められるようなシーンにおいても手早く描ける美し
いラテアートを提案したいと思い、このモチーフを紹介すること
にした。スピーディーかつシンプルな動きでお客様を魅了するバ
リスタの姿は私が理想とするスタイルの一つだ。

MOVIE

使用するミルクの量

私の場合は店内で使用するカップと同じ量のミルク量でペーパーカップでも注ぐべきだと考える。できるだけ店内利用と同じ量にしてお店の味を統一したいからだ。しかし、通常ペーパーカップは8～10オンス。ここでは7オンスのカップで提供していることを想定し、ピッチャーに使用するミルクもそれと同じ量（7オンス、私の考える適正は160～180グラム）を使用する。

キャンバスを作る

1

ペーパーカップでラテアートを描く際、手早くカップの6割以上までかさを上げて描くことが重要だ。かさを高い位置まで上げることにより液面とピッチャーの距離を近くすることでモチーフが描きやすくなる。勢いがありすぎて、液面の茶色が薄くなりすぎないように注意しながら注ごう。

液面に近い距離から注ぐ

2

8オンス以上のペーパーカップに対し、上記のミルク量（160～180グラム）で注ぐ場合は、ピッチャーの先はなるべく液面に近づける。短時間でピッチャーの中のミルクがなくなるため、振り数を少なくして素早く描くことが求められる。ドットを引き出しつつ、ピッチャー内のミルクの残量を把握しながら注ごう。

ドット確認後、すぐピッチャーを振って描く

3

ドットの浮き上がりを確認できたらすぐにピッチャーを振って後ろに下がる。この時の振り数は4回～6回で十分だ。手早く後ろに下がることと、ピッチャーとカップの距離が近いことから、この振り数でも十分にインパクトのあるロゼッタを描くことができる。

4

ピッチャーを振って後ろまで下がり切ると最後は切る作業。この時はカップを持つ手（右手でピッチャーを扱う場合は左手）も左から右（ピッチャーを持つ手側）にスライドさせる。注ぎ終えた時、ピッチャー内のミルクがほとんど残らないので、このようにカップを持つ手でも切る作業をサポートすれば、少量のミルクでもモチーフをきれいに仕上げることができる。

ONE STROKE SWAN

ワンストロークスワン

シャープスパウトのピッチャーを使った
一筆描きのスワン

先の「ウィングロゼッタ8オンス」では12オンスのピッチャーを使った場合の描き方を解説したが、ここでは同じ8オンスのカップに約17.5オンスのシャープスパウト（先の細い注ぎ口）のピッチャーを用いて描く、一筆描きのスワンを紹介する。また、シャープスパウトを使うことにより濃淡の間隔が狭く、かつ細いラインのレイヤーやウィングを描きやすいので、このピッチャーの特性を生かして、細めのラインでのスワンを表現した。ワンストロークのスワンはファインラインズに近い描き方でもあるが、「シャープスパウトのピッチャーを使って細く流す」、「細いコントラストを隙間に描きながら後ろに下がる」など新しい技術も求められるのでこれを機に習得しよう。

MOVIE

キャンバスを作る

1

カップの半分から6割くらいまでかさを上げる。細いスパウトを使うからといって、細いラインでかさ上げをして時間をかけすぎないように。いつもと同じように手早くかさ上げを行おう。

「ONE STROKE SWAN」
作成のワンポイント

全体の模様の変化を最後まで目で確認しながら注ぎ終えよう。

土台を描く

2

カップの中心付近でドットを浮き上がらせる。正しい角度で適量のミルクを流せばすぐにドットが浮き上がり、そのラインは前に流れてゆく。ここでは12回程度同じ場所でピッチャーを振っている。序盤に振って描かれたラインがカップにぶつからないように注意しながら、全体のカップを俯瞰しながら後ろに下がり始めよう。

スワンの羽を描く

3

土台が出来上がったら、そのまま振りを止めることなく後ろに下がり始める。ここでは後ろに下がりながら12回振っている。ひと振りするごとに茶色のラインが入っていくことを目で確認しながら後ろに下がるが、この動きに慣れるまでは少し時間がかかるかもしれない。毎回振る回数を数えながら根気よく練習するとよい。

スワンの首を描く

4

ロゼッタを上部まで描いたら、その脇の部分を少量のミルクを注ぎながらカップの中心に向かって進む。この時に注ぐ量が多すぎるとせっかく作ったロゼッタの濃淡が吸い込まれてしまうので、模様が消えないように丁寧に注ぐこと。首の根元では、これまでは一度注ぎを止めてから再びミルクを投入していたが、ここでは「一筆描き」なので注ぎを止めることなくそのまま注ぎ続ける。

中心部分まで注いで羽が出来上がった後、根元でピッチャーの先を近づけて、液面に少量のミルクを使ってドットを「置く」イメージで注ぐ。ドットが浮き上がれば瞬時にカップの上部にピッチャーを移動させて首を描く。

スワンの顔を描く

5

最後は顔の部分だが、描く位置が羽に近すぎると、羽の上部が顔に吸い込まれるため、少し離したところに顔を描く。イメージとしては3ミリ程度、自分側にスライドさせる（カップの位置関係をモチーフの向き通りに説明すると左側に移動する）と、羽も吸い込まずにバランスのよいワンストロークスワンが完成する。

ROSETTA
HEART IN HEART

ロゼッタハートインハート

細いラインと太いラインがポイント

「ロゼッタ」は実に多くの描き方が存在するモチーフで、かつ、その人のスタイルを表現することができる、非常にラテアートを作る上では重要なモチーフだ。ここでは、最初の半分を私（田中大介）のウィングを描くメソッドを使い、後半は動きのスピードなどを変化させてロゼッタを描き上げている。細いラインと太いラインを操って個性的なロゼッタを表現しよう。

MOVIE

ウィングの技術を用いてベースを描く

1

かさ上げ（液体のかさはカップの半分以上）をした後、カップの中心にミルクを注ぐ。ドットが出たらその場所でピッチャーを振り始める。振る回数は9回〜15回。ドットが出た場所で3回振り、4回目以降は少しだけピッチャーを前進させる。この前進により次のロゼッタを描くためのスペースができる。

ダイナミックな動きでインパクトのあるロゼッタを描く

2

通常のロゼッタの描き方ではなく、ここでモーション（動きの速さ）を変化させる。ピッチャーを振る回数は3回〜6回と極めて少なく、その中でサシの入った部分を描く。この際、ウィングを描く時と比べてピッチャーとカップの距離、ピッチャーの振り幅、後ろに下がるスピードなどあらゆる点での変化が必要だ。ここでスピードだけが変わるとサシの白い部分が細くなりすぎるので注意。エスプレッソの状態、カップのサイズ、ミルクの質感などそれぞれの状態によって描き方は微妙に変える必要があるが、ポイントは、振り幅を広く、素早く後ろに下がること。早く後ろに下がりすぎると均一性は欠けるものの芸術性の富んだロゼッタが生まれやすい。しかし不均一ゆえにきにない作品にもなりやすい。ゆっくり後ろに下がることにより均一性のあるロゼッタができるが、このタイプのロゼッタならではの躍動感のあるコントラストが失われてしまうこともあるので、何度もトライして自分らしいロゼッタを完成させよう。

ハートインハートを描く

3

ここで描くハートインハートはモチーフをより美しく見せるために描くもの。ここで手数が多いか、少ないかは全く関係ない。出来上がるモチーフを確認した上で、カップをなるべく平らな状態にしてミルクの量を調節しながら注ぐとよい。

> **「ROSETTA HEART IN HEART」**
> **作成のワンポイント**
> ミルクの流す量を調節し、動きの変化を絵柄でしっかりと表現しよう。

FLOWSETTA

フローゼッタ

HIGH FLOWとBOLD LINESの組み合わせ

一筆描きの「HIGH FLOW（絶え間なく早く流れること）」、そしてスローゼッタなどでも見られる「BOLD LINES（太いライン）」を組み合わせて描くことからFLOWSETTAと呼ばれる。日本国内で、このモチーフを描くバリスタはそれほど多くないが、アメリカではスタンダードと言っても過言ではないくらい人気のモチーフ。ここでは2020年「コーヒーフェストラテアート世界選手権」ニューヨーク大会で優勝したHenry Berrios氏（プエルトリコ）の描くモチーフや彼のアドバイスを参考に描いた。ピッチャーを振る回数は全部で10回以下。後ろに下がりながら描く時にダイナミックにピッチャーを振ろう。

MOVIE

ドットを引き出す

1

かさ上げ（液体のかさはカップの半分くらいまで）を手順通り行った後、ドットを引き出す。この際、通常ならドットの浮き上がりを目で瞬時に確認してピッチャーを振り始めることを意識するが、このモチーフの場合は、ドットを大きめに引き出してから振り始めることが望ましい。太く流すことによりこのデザインならではの「BOLD LINES（太いライン）」を表現することができる。動画で見られるものよりも太いラインを出してから振り始めてもよい。その際は左右のバランスが崩れすぎないように注意しよう。

流量を調整しながら大きく振ってサシの部分を作る

2

ドットが浮き上がったら、その場で3回〜6回程度振ってベースのラインを作る。その後、後ろに下がりながらサシの部分を作るが、ここで注意するのは、流量を決して減らさず、大きく振って後ろに下がること。下がっている間に振る回数は3回程度で十分だ。ラインが広がりすぎてベースの模様を崩すことがないように、また振りが狭く流量が少なすぎてサシが小さくインパクトが弱くならないように注意しよう。

ハートを描く

3

カップの上部にハートを描いて仕上げる。ここでは全体の絵柄を見渡して適量のミルクを注ぐ。小刻みにピッチャーを振って、レイヤーハートを描くもよし、丁寧に注いで白いハートを飾るもよし、自分なりの表現を施してみよう。

ROSETTA
12OZ

ロゼッタ12オンス

大きなラテボウルに一筆描きの
ダイナミックなロゼッタを表現

ここでは対流止めをしない「ロゼッタ」の描き方を紹介しよう。対流を止めずに描くことにより絵柄がカップいっぱいに広がりやすいことや、濃淡の変化が茶色から白色へと徐々に変化していく様を表現できる。12オンスのような大きめのカップでは、モチーフをよりダイナミックに表現できるのでここで紹介することにした。もちろん、これまでのすべてのカップでも対流止めをしないで描くことは可能だ。ただし、この描き方は、ドットが広がり過ぎてカップのふち付近がきたなく見えてしまわないように注意しなければならない。ここでは20回ピッチャーを振ってロゼッタを描いていて、ミルクの対流にエスプレッソの茶色のコントラストがしっかり入り込むように、繊細な動きを絶妙な流量で表現している。

MOVIE

対流止めをせずにロゼッタを描き始める

1

通常よりもかさ上げを低い位置で完了させて、ドットを浮き上がらせる。このかさ上げ時の動画も確認してもらいたい。かさ上げ時のミルクの流量が、かさ上げ完了の直前で少しだけ少なくなっているのがわかる。これはかさ上げ時にピッチャーをまわすことによって生まれるカップ内の回転を止める働きをする。

次に、ドットを引き出す作業について、カップの①−③のライン（P.19）を思い出してほしい。この①−③ラインの線上で徐々にピッチャーを近づけることによりドットが細い線でじわりじわりと③の方向に流れていく。この時、ミルクが③の方向以外に進んでいれば、カップとピッチャーの持ち方や傾きに問題がある。このライン上で正しくドットを引き出そう。

また注意点は、かさが低い状態から描き始めるため、にじみなどに注意すること。ドットを浮き上がらせたと同時にミルクの勢いが大きくなりすぎたり、ピッチャーを強く振りすぎないように。そして大きいピッチャーを使うので一度に流れるミルク量の調節が難しい。特にカップのふちからこぼれないように注意しなければならない。

P.143では対流止めをせずに描く方法をより詳しく解説している。

ロゼッタを描く

2

ドットが浮き上がったら、前に進みながら12回振り、流量を保ったまま後ろに8回振りながら下がる。両脇にもっと模様を広げたい時、シンプルに描きたい時など、振り数を自分なりに変えるとよい。また、前に進む時は、前に流れるミルクが生み出す模様を目で追いながら振るとよい。

3

後ろに下がる時は、一気に動作を切り替えるのではなく、リズムはそのまま。徐々に前に流れているミルクの流れが弱まったりしないように、ピッチャーとカップの距離と流量をキープして後ろに下がろう。ここで下がるのが遅すぎると白い部分が多くなったりする。また早く下がりすぎると、茶色のコントラストは入りやすいが仕上げる際に、上部まで下がった後に全体の絵柄が崩れてしまうので注意すること。最後はカップが適量で仕上がるように、そしてロゼッタの両端が上手くまとまるように、トップにハートを施して仕上げれば完成だ。

「ROSETTA 12OZ」作成のワンポイント

浅煎りのコーヒー豆を使用する場合は、振り数を減らして茶色のコントラストを太く入れるのがおすすめ。

WING ROSETTA 12OZ

ウィングロゼッタ12オンス

ミルクが流れていく情景は圧巻

12オンスのラテボウルはカップ表面の面積が広い。そのため、ミルクがキャンバスを流れていく情景はとても優雅で、この瞬間を体験してラテアートの魅力にはまった人もたくさんいるのではないだろうか。2014年に山口淳一氏、2015年にSchroeder Hsieh氏（シュローダー氏）が、それぞれ「コーヒーフェストラテアート世界選手権」東京大会の決勝でこの絵柄を描いて優勝を手にしている。

MOVIE

ドットを引き出す

ロゼッタ12オンスと同様、ここでは対流止めをせずに描いている。動画ではかさ上げで4回ピッチャーをまわしながらミルクを注いでいる。この時に私は、①極めて薄いクレマの層で、ある程度の濃さの茶色のキャンバスを作る、②クレマの下のミルクとエスプレッソはなるべく細かい粒子で混ざるように味わいを考えて注ぐ、という2つのことを意識している。私のかさ上げが非常にスピーディーなのは、濃い茶色を作ることが絶対ではなく、茶色と白色の「色の扱い方」と「味づくり」にフォーカスしているからである。

4回まわしながらかさ上げを行った後

まずカップの4隅の、①の位置まで対流止めを行わずにピッチャーを移動させる。この時カップ内では、右回転のかさ上げを行ったことにより右回転の対流が生まれている。その対流は、ピッチャーが①に移動することにより回転が弱まる。

対流が弱まるのを確認した後

①-③のラインを常に意識して動作する。このラインは体の向きと常に平行である。①-③のライン上を前進し、真ん中付近でドットを引き出す。ピッチャーとカップの傾斜の角度がほぼ平行に近く、かさ上げのテンポも動画のようにスムーズであれば、ここでドットは必ず浮き上がる。ミルクの流れる量が少なすぎたり多すぎたりしないように流す量を一定に保って注ぐことが重要だ。

ウィングを描く

ドットが前進するのを確認したら、ミルクの流す量を一定に保ちながらピッチャーを振りつつ前進する。振る回数は9回〜15回程度。ここでの大きな注意点として、12オンスのカップを用いる場合、カップをより傾けた方が描きやすいが、それによってカップのふちからミルクがこぼれやすいこと。「こぼさないで描く」ということを守った上でこの技術を習得しよう。

ロゼッタを描く

ウィングを描き終えたら余白にロゼッタを描く。ドットが浮き上がったことを瞬時に確認し、流れるミルクを目で追いながら後ろへ下がる。この時、カップとの距離感は素材の状態にもよるが少し高い位置から注ぐとよい。振る回数は5回〜10回が目安。

ハートインハートを描く

仕上げのハートインハートでは、全体の絵柄を目で確認しながら、回数にフォーカスするのではなく最も美しい作品に仕上がることを考えて注ごう。

> ### 「WING ROSETTA 12OZ」
> ### 作成のワンポイント
>
> ふちからこぼさないできれいに描くことが真の技術。美しい所作でお客様を魅了しよう。

FINE LINES
ROSETTA 12OZ

ファインラインズロゼッタ12オンス

数多く描かれる細い線と
茶色い細かなサシ

バリスタ山口淳一氏のオリジナルの作品。細い線が数多く描かれ、その一本一本の隙間にも細かなサシが入っている。カップにめいいっぱい広がる茶色と白色のコントラストが描かれていく様は心を奪われる。無数にあるモチーフの中でも、シンプルでありながらエレガントなこの絵柄は異彩を放つ。ラテアートの最高傑作の一つだ。12オンスのカップに描くこの「ファインラインズ」では、ミルクの流れ方に対する手の動き（前進、後退）などのバランスが、ほかのモチーフに比べて重要になる。ピッチャーを振る回数は合計25回程度。必ず振った回数を数えながら描くようにしよう。

MOVIE

ドットを引き出す

1

ロゼッタ12オンスと同様、ここでは対流止めをせずに描いている。通常よりも低い位置でかさ上げを完了させた後、①の位置にピッチャーを移動させ、次に①—③のライン上を進み、ドットを引き出す作業を行いながらドットが出る前からピッチャーを振り始める。こうすることにより外観の茶色に少しずつ白色が混じり、やがてサシが入って大きなロゼッタが生まれる。カップいっぱいに絵柄を広げるためのとても重要なポイントだ。

ロゼッタを描く

2

徐々にドットが流れレイヤーが生まれる。この時にピッチャーを振りながら後ろに少しずつ下がる。15回〜21回で描いてトップまで下がる。常にカップ内を目で確認することが非常に重要で、ピッチャーを振って後ろに下がりながらもミルクは前に流れていき、これらの動きの組み合わせによって隙間にサシが入る。ファインラインズという名前のとおり、極めて細かい茶色のサシが入るイメージで描く。

トップを仕上げる

3

ロゼッタを描きながらカップ上部まで進んだら、最後の仕上げを行う。ここでピッチャーの動きを変えて、ほんの少しだけ前進させて小刻みに5回程度振る。そうすることで序盤に浮き上がったドットがカップ全体を覆い、よりエレガントで魅力のあるデザインとなる。そして小刻みに振ることで、トップにはレイヤーハートが施され、より美しい作品へと変貌を遂げる。

「FINE LINES ROSETTA 12OZ」
作成のワンポイント

描かれていく白いラインから目を離さずにピッチャーを安定して振ることが上達への近道。

WING SWAN 12OZ

ウィングスワン12オンス

ウィングの広がりと羽に注目!

ラテボウルにめいいっぱい広がったスワンの姿は美しいだけでなくダイナミックでインパクトも絶大だ。対流止めをせずに描き始め、大きなウィングにはっきりと濃淡が表現されるように丁寧に描いた。大きめのカップを使うお店ではぜひこの技術を習得して、お客様をラテアートでも感動させよう。

MOVIE

ウィングを描く

1

ロゼッタ12オンスと同様、ここでは対流止めをせずに描いている。カップの位置を定めた①-③のライン上でドットが直進するのを確認したと同時にウィングを作る工程に移る。この動画ではピッチャーを15回ウィングを作成する際に振っているが、振り数を少なくして太いラインを表現してもよい。流れるドットを目で確認しながら、3回振っては状況を見て少し前に進むといったことを繰り返して、あらかじめ決めた回数を振るのが上達のコツだ。

スワンの羽を描く

2

ウィングが出来上がったら、ロゼッタを描く用法で羽を描く。私が表現する場合はウィングの模様を崩さないように、茶色の余白部分にドットを落として描いている。落とす場所には決まりはないが、色々試してみてバランスを確認するとよい。このロゼッタを描く際は、ドットが浮き上がったら瞬時に後ろに下がり始める。この時、ピッチャーのスパウトと液面は近すぎない方が美しい羽を作りやすい。しかし、この絶妙な距離感で振りながら下がるのは難しいので、この時にしっかり「肘から動かしている」イメージをもてば体の動きとカップ内の絵柄が連動しやすい。上部まで描けたら、少量のミルクを垂らしながらロゼッタの脇を通って、切ることにより羽が完成する。

スワンの首と顔を描く

3

首の根元（カップの中心付近）にドットを「置く」イメージで投入する。ドットを確認できたら、直ちに素早く上部に上がる。この時だけ、ピッチャーとカップの距離感が極めて近い状態（間隔は数ミリ程度）で上部まで上がると、首の太さがバランスのとれた太さに仕上がる。顔の部分は、小さいカップに描くスワンに比べて、少し前に進めよう。前というのは自分から見て遠い方、カップの位置で説明すると①と④の間あたり。ここで小さいカップの作成時よりも前に進んでドットを落とすことにより、羽を巻き込まずに顔を描くことが可能である。もちろん、羽を少しあえて巻き込ませるスワンも存在するが、まずは、ここでのように一つひとつのパーツをはっきりと描くことから始めよう。最後は全体の絵柄を見ながら、顔の部分を斜めに切ってクチバシを描いたら完成だ。

> ### 「WING SWAN 12OZ」作成のワンポイント
> 振る回数を変えたり、ミルクの落とす位置や流す流量を変えることで表現が多彩に！ 自分好みのスワンを見つけよう。

CLASSIC ROSETTA

クラシックロゼッタ

細かく美しいライン

「クラシックロゼッタ」は、ロゼッタの中でもラインが細かい部類に属する。しかし、ただ細かいラインであることにフォーカスするのではなく、中に入る茶色のサシの部分が写真のものよりも小さくならないことも重要だ。「細かい」という言葉が「美しい」に直結するわけでは決してなく、細かい中でも初見でのインパクトや芸術性を備えているものが美しいラテアートといえる。

MOVIE

EXPERT エキスパート

クラシックロゼッタを描く

1

カップの半分くらいまでかさ上げをする。
ここでかさを上げすぎると、クレマリング
（外観）は保たれるものの絵が広がらずに
ダイナミックさに欠ける絵柄になってしま
うので注意。

2

カップの中心にミルクを注ぎ、ドットが出たらピッチャーを前進させながら細かく振り始める。この時に流すミ
ルクの量が多かったり、前に進むのが遅いとクレマリングが壊れてしまうので注意。振りの回数は9回程度。

3

後ろに下がりながらピッチャーを細かく振る。この時
にピッチャーとカップは平行に近い状態。ここでカッ
プを俯瞰すると大抵手は止まるが、練習を続けると、
振りながらも液面のミルクの流れや、サシが作られて
いく様子、後ろに下がっていく時のミルクの流れの美
しさを体感することができる。これは描く人にしかわ
からない感覚だが、それが感じられるまでそう遠くは
ないので根気よくトライしよう。

4

後ろに下がりながら振る回数は9回以上15回以下が
理想的。9回より少ないとまた違うロゼッタになり、
15回より多いとさらに細かいロゼッタができ、それ
は技術的にはすばらしいものの、一般のお客様にはそ
のすばらしさと芸術性が伝わらないことが多い。

5

中心を丁寧に切って（ミ
ルクの細い線を引いて）
仕上げる。

「CLASSIC ROSETTA」作成のワンポイント

安定した細かい振りが継続できない時、目線を一点に集中するのでは
なく、少し視点をそらした上で全体を俯瞰すると振りやすくなる。

FRAMED RIPPLE

フレームドリップル

チューリップの中に技ありの
ハートインハート

「ウィングチューリップ」の絵柄で、チューリップを形作るパーツ
の一種であり技術の名称が「フレームドリップル」。ここではチュ
ーリップを構成するハートインハートの部分がそう。フレームは
枠を、リップルは波紋を意味する。前のドットに対して、次のド
ットを振って入れることにより波紋のようなレイヤーが生まれる
ことからそう名付けられた。日本ではあまり多用される技術では
なく、アメリカの高いラテアートの技術をもったバリスタが使う
技の一つ。ここではフレームドリップルを描いた後、1・1・3 と
計5回のミルクを落とす動作からなる難易度の高い「スタックチュ
ーリップ」を組み合わせており、非常に手数の多いウィングチュ
ーリップとなっている。

MOVIE

ウィングを描く

1

かさ上げ（液体のかさはカップの半分以上）をした後、カップの中心にミルクを注ぐ。ドットが出たのを確認したらピッチャーを振り始める。振る回数は6回～12回。このウィングを描いた後にフレームドリップルなどの作成を行うため、ミルクの質感には非常に注意が必要。円滑な作業でウィングを描き切り、なおかつ、清潔なカップバランスを維持していることが重要だ。ここまでとにかく手早く行おう。

フレームドリップルを描く

2

カップのやや上部にミルクを落とし、そこからミルクごと前進し（流すように）1つめのドットを描く。このドットは中心より少しだけ上部に仕上げる。続いて中にレイヤー（波紋）を入れるが、この際のポイントとして、カップとの距離が近い状態でピッチャーを振らないこと。使う豆やカップの形状にもよるが、近い距離で振ると、レイヤーが入りにくいだけでなく、きれいに描けたウィングの模様をつぶしてしまうおそれがあるからだ。ミルクをどの距離からどのように振って落とせばよいかを想像して何回も練習することが大切。振る回数は5回～8回ほど。

スタックチューリップを描く

3

ドットが重なり合ってできたチューリップ模様が「スタックチューリップ」。この時点で茶色の余白部分がかなり狭くなっているので慎重に注ぐこと。ここでは、カップを水平に近い状態にして描くことがポイント。全体を俯瞰し、ウィングや他のパーツがどのように出来上がっているかも常に注視しよう。

> **「FRAMED RIPPLE」作成のワンポイント**
> ミルクが流れやすく扱いやすい時間内に描き切ろう。

WING
PINWHEEL HEART

ウィングピンウィールハート

ハートインハートを施すことで
出来上がる「風車」模様

奥平雄大氏が「UCCコーヒーマスターズ 2016」ラテアート部門の
決勝で披露し、日本一に輝いた彼のオリジナル作品。両脇のロゼ
ッタを「ハートインハート」が巻き込むことにより完成された模様
が風車（ピンウィール）に見えることからそう名付けられた。完璧
に作られたシルキーなフォームドミルクが作れないと描くことが
できないこのモチーフは、ラテアートが表現できる最高傑作の一
つだ。

MOVIE

EXPERT エキスパート

ウィングを描く

かさ上げ（液体のかさはカップの半分以上）をした後、カップの中心にミルクを注ぐ。ドットが出たのを確認したらピッチャーを振り始める。振る回数は6回〜12回くらいがバランスよく、少ない数から徐々に増やしていくとよい。

ピンウィールを描く

ロゼッタの手法で土台を描く

完成したウィングの上部のくぼみにドットを投入し、ピッチャーを振りながら後ろに下がる。ドットが出ることを想定してピッチャーを振りながらミルクを注ぐと土台からサシの入ったロゼッタができやすい。ピッチャーとカップとの距離間は近すぎず、ピッチャーを傾ける角度も平行に近い角度で描く。上部まで描いたら、ロゼッタの左側に少量のミルクを使って切る作業を行う。

小さいロゼッタを描くイメージで左側を完成させる

土台のロゼッタを描き終えたところからミルクの注ぎを止めずにそのまま左側のロゼッタを描く。ここでの振りの回数は3回〜5回。縦にロゼッタを描くのではなく、斜めに描き、仕上げのハートインハートを作る際の余白を作る。

ハートインハートを描いてピンウィールを完成させる

カップを平らに近い状態にして余白にドットを投入する。ピッチャーとカップとの距離感は、ミルクの状態にもよるが極めて近い距離。遠いとミルクが沈み、少量のドットでハートを作ることが困難だからだ。ここでは手数を4回入れているが、回数が多いと難易度は上がるので、少ない数から始めよう。数を増やすのが目的ではなく、常に清潔で美しい作品を作ることを心がけよう。

TRIPLE ROSETTA

トリプルロゼッタ

センセーションを巻き起こした不朽の名作!

2008年にシアトルで開かれた「ラテアート ワールドチャンピオンシップ」で澤田洋史氏が描いた作品。決勝での作品は、歴代最高得点を記録、そしてアジア人初の世界チャンピオンに輝く快挙を成し遂げ、フリーポアラテアートが世界的なブームにまで発展した。12オンスのカップに生まれるミルクの対流を初めて目にした時の感動は今でも鮮明に覚えていて、私自身がラテアートにハマったきっかけの作品である。澤田氏が描くトリプルロゼッタは、大きく広がるロゼッタを中心にしたダイナミックなものだが、ここでは小さめのカップを使い、中央に縦に伸びたロゼッタを描き両脇にリーフを施すという〝ターナースタイル〟で表現した。

※上記の説明で、真ん中は「ロゼッタ」、外側の細い2枚の模様を「リーフ」と解説しているが、モチーフの呼び名はトリプルロゼッタが正式だ。澤田氏自身もトリプルロゼッタと呼んでいる。新しいモチーフが生まれた時、どう呼ばれていたかなどはできるかぎり鮮明に残していくことが大切だ。

MOVIE
▼

使用するピッチャーとカップ

ここでは「FBC 7 オンスラテボウル」を使って、細く縦に伸びたロゼッタを表現したいので、それに合ったシャープスパウトのピッチャーを使用した。もちろん、今までに使用しているラウンドタイプのピッチャーでも描くことが可能だが、茶色と白の色の分配を細かくしたい時などはシャープスパウトがおすすめだ。

「TRIPLE ROSETTA」
作成のワンポイント

細かい振りをキープするのに苦戦した場合、ピッチャーの注ぎ口のミルクの揺らぎを確認しながら振ると徐々に慣れてくる。

1枚目のロゼッタを描く

1

かさ上げはカップの半分くらい、または少し低めの位置で終え、そこからロゼッタを描き始める。トリプルロゼッタでは、これまでのロゼッタよりもごく少量のミルクを注いで描くことがポイントとなる。少ないミルクでドットを引き出したら小刻みにピッチャーを振り、徐々に後ろに下がる。振る回数は24回。最初の12回はほぼ同じ場所で振っている。この時に12回でミルクが浮き上がるラインまでロゼッタの両脇が広がることを確認し、それから後ろに下がり始める。全体を俯瞰しながらミルクの流れを確認して後ろに下がり始めよう。残りの12回は振りながら後ろに下がるが、この時のコツは、カップの①の位置（P.19、カップ上部のふちの部分）を目で確認しながら後ろに下がること。そうすると茶色のコントラストを細かく入れやすい。

2枚のリーフを描く

2

ロゼッタを描き終えたら瞬時に両脇の1つ目のリーフを描く。この時も少量のミルクでドットを浮き上がらせなければならない。ドットの確認と同時にピッチャーを振って後ろに下がる際は、ミルクの量が少なすぎるとコントラストがにじんだり、サシが入らなかったりするので注意。ピッチャーを振った時にしっかりとカップの表面で模様が浮き上がるように調整しながら注ごう。リーフの上部まで上がれば、ミルクの流す量を減らし浮き上がった模様の中心を切ってパーツを完成させる。

3

最後のリーフを描く際、片方のリーフからの移動時間は極めて短い方がよい。時間をかけてしまうとミルクが固まってしまいコントラストを出すのが難しくなる。はっきりとリーフが浮き出れば、片方のリーフと同じように少量のミルクを使って丁寧に中心を切ればトリプルロゼッタの完成だ。

FIVE LEAVES

ファイブリーブス

5枚の葉を一つのカップに表現

このモチーフは厳密に言うと「ファイブロゼッタ」とも呼ばれる。1枚目はロゼッタの技術で描かれ、それ以外はリーフで構成される。私の友人でもあるラテアート世界チャンピオンUm Paul氏（韓国）がこのモチーフでセンセーションを巻き起こした。彼自身が「ファイブリーブス」と題している。また、1枚1枚のリーフを描く技術のディティール（細やかさ）も彼の卓越した技術があってこそ。正しく彼のオリジナルの作品であると、私は考える。「流して描く」ことが主流のウィングやロゼッタ系とはまた違った技術が求められるが、これができるようになれば一つのカップの中でさらなる表現力が加わる。

MOVIE

キャンバスを作る

「FBC 7 オンスラテボウル」を使用する場合は、かさはあまり上げすぎない方が描きやすい。ミルクを注ぎ始めてからのカップ内の液体は、最初は丸い形をしていないが、注ぎ続けると次第に正確な円に近い形となる。これまでのモチーフは、そのまま注ぎを続けてカップ内の5割以上までかさを上げることが適正であると解説してきたが、このモチーフに関しては、かさ上げで液体が丸い形になった時が適正だ。カップの半分または半分以下でキャンバスが完成することになる。

1枚目のロゼッタを描く

1

カップの中心付近に少量のドットを落とす。この時、前にミルクが流れすぎた場合はミルクの流す量、ピッチャーとカップの距離、カップの傾き、これらのいずれかに問題がある。まずは少量のミルクを落としてドットを引き出してロゼッタを描くことが重要だ。

2

ここでは21回ピッチャーを振ってロゼッタを描いている。最初の9回はほぼ同じ場所で、模様が自然に流れて広がるというイメージで振るとよい。9回振った時点で、ドットを投入しているミルクの落下点と同じラインまでロゼッタが広がりながら上部に伸びるのが理想だ。

2、3枚目のリーフを描く

3

丁寧にピッチャーを12回振りながら後ろに下がる。慣れないうちは振っている手が止まるので根気よく練習が必要だが、スパウトから流れるミルクが揺れているのを目で見ながら振る、またはカップの①の位置(P.19、カップ上部のふちの部分)を集中して見ながら振ると手が止まらない。振ることに集中しすぎると手が止まるので、重要な他の点を目で確認すると振りを止めることなく注ぎやすいだろう。21回振って、トップまで上がれば少量のミルクを使って切る作業を行いロゼッタを完成させる。

4

ロゼッタを描き終わったらできるだけ早く2枚目のリーフに移動する。移動後は少量のミルクを注ぐだけですぐにドットを浮き上がらせる必要がある。重要なのはカップの角度とピッチャーの角度。ドットが浮き上がるほんの一瞬だけロゼッタを描くイメージで注ぎ、瞬時に細かく振って後ろに下がることがきれいに描くコツ。振る数は6回ずつ。もちろんもっと振ってもよいが少ない数から始めるとよい。ここまででトリプルロゼッタが完成したことになる。

4、5枚目のリーフを描く

5

ここでも同じように3枚目のリーフを描いた後すぐに移動して4枚目を描く。できれば3枚目のリーフを描いたすぐ隣に4枚目のリーフを描いた方がミルクの質感も扱いやすいだろう。振る数は6回〜9回ずつ。トリプルロゼッタの余白に2枚のリーフを描いてファイブリーブスの完成だ。ここでも細かい振りを持続するのが難しく手が止まる場合は、ピッチャーのスパウトから流れるミルクの揺れを見ながら振ると手が止まらずに振り続けることができる。非常に難しいモチーフだが、根気よく練習しよう。また、ミルクの量を5グラム変えるだけで右手の振りのバランスや流量の調整の仕方が変わるのでミルク量を自身で探りながらベストを見つけよう。

> **「FIVE LEAVES」作成のワンポイント**
> 1枚目のロゼッタを描く際、カップの傾きはあまり変化させない方が描きやすい。ピッチャーを持つ手の動きが重要だ。

ROSETTA REVOLUTION

ロゼッタレボリューション

革新的！ 3つの動きで
1つのロゼッタを表現

1990年頃に生まれたとされる「ロゼッタ」は元来、規則的な動きで描くことが美学とされていた。この伝統的なスタイルに対して、規則性のないロゼッタが革新的なアイデアとして描かれ始めたことから「ロゼッタレボリューション」と呼ばれるようになった。ここでは〝ターナースタイル〟のウィングのメソッドを用いてベースを作り、サシの部分は素早く太いラインを描き、仕上げに「レイヤーハート」と「ハートインハート」を施してこのモチーフを自分流に表現している。ロゼッタレボリューションは日本国内でも一目置かれる作品の一つで、特にジョバンニさん（吉田佳照氏）が描くものは世界でも屈指だ。非常に難易度の高いモチーフ。

MOVIE
▼

ロゼッタの土台を作る

1

カップの半分くらいまでかさ上げをした後、カップの中心付近にミルクを注ぐ。ドットが浮き上がったら、ウィングを作る時と同じ方法でピッチャーを振り始める。最初の3振りは中心付近に、その後はミルクの流れ方を見て、ピッチャーを前進させる。ミルクがカップの下まで早く広がる場合はゆっくりと前進、なかなか広がらない場合はピッチャーを前に進めて模様を広げよう。ピッチャーは全部で9回〜12回くらい振る。

中央のサシの部分を作る

2

ロゼッタの土台を作った後、ミルクの量は減らさずにピッチャーの進む方向を逆にして速度を上げて後ろに下がり始める。この際、ピッチャーの振り幅も大きくするとよい。中央のサシの部分は3回から5回程度振るだけで十分。

ロゼッタのトップを仕上げる

3

ピッチャーがカップの上部に達したら、そこでレイヤーハートを作る方法で細かくピッチャーを3回〜6回振る。こうすることによりロゼッタの土台の両サイドが少し上部に広がり、トップのモチーフをより美しく見せるための重要なハートの外枠が出来上がる。

4

トップのハートインハートは回数にこだわらず、全体の絵柄を見ながら注いで仕上げる。このハートインハートも一つひとつが美しくなるように、常に美しさを追求して注ごう。

「ROSETTA REVOLUTION」作成のワンポイント

土台のロゼッタが大きく広がるように、ロゼッタ上部のレイヤーハートとハートインハートは、特に全体のバランスを考えながら注ぐこと。

KEYHOLE

キーホール

茶褐色のみでハートを表現

2016年、尾崎数磨氏が、「コーヒーフェストラテアート世界選手権」大阪大会で披露しラテアート界に革命を起こした技術。私は〝ターナースタイル〟を織り交ぜてこのモチーフを描くが、コーヒー豆の状態やミルクの性質の違いから一発勝負で描くのは至難の技である。この技術は、ミルクをドットの中に落とし、吸い込ませながら茶褐色のみでハートを表現するもの。ハートの色味や少し細く引き締まった柄が周りの白く描かれたハートと絶妙なコントラストを生む。ハートの空洞が鍵穴のようだということで「キーホール」と名付けられた。デザインもさることながらこのネーミングセンスにも魅了され、私の心を鷲掴みにした作品である。

MOVIE

フレームを作る

1

かさ上げ（液体のかさはカップの半分くらい）をした後、真ん中付近にドットを浮き上がらせる。少量のミルクでドットを作り、ドットが浮き上がったと同時にカップを少し平らに傾け始める。平らに傾けている時に、ミルクの流量を保ちながら少しだけピッチャーを前進させるとハートに似た形で、中心部分に少し茶色のくぼみ部分が生まれる。この形を作るイメージでミルクを注ぐことが重要だ。

ウィングを描く

2

フレームウィングチューリップでの解説（P.121）と同様、①フレームを描いた後にウィングを描く際は、通常よりも力強く振る、②ウィングを描く際、ピッチャーを前に進める距離や振る強度などは模様の浮かび方によって調整する。これらの判断力を高めるためにはウィングがどのように描かれていくかを常に目で追うことが重要になる。

キーホールを描く

3

中心より少し上付近にミルクを注いでドットを浮き上がらせる。次に茶色いハートをドットの中に描いてキーホールを描くが、この際、一定量のミルクを少し高めの位置から投入すると、ドットが浮き上がるのではなくミルクが沈み茶色のコントラストが浮き上がる。ミルクの量を多めに注ぐことにより、キーホール自体は描きやすくなるものの、トップハートの芸術性などを表現する上ではミルク量が「多い中でも少なめ」という絶妙な流量でコントロールしなければならない。仕上がった時の芸術性を常に考え慎重に手早く注ごう。

「KEYHOLE」作成のワンポイント

コーヒー豆の鮮度や焙煎度合いの違いで、注ぐ時のピッチャーとカップの距離感や、流量の調節が必要になる。「この距離だ」などと決めてしまわないように常に液体の動きを注視しよう。

2つのスタックでモチーフを仕上げる

4

キーホールまで出来上がれば後は自身の表現でどのように描いてもよいだろう。ここでは「1-1」のスタックで、シンプルかつ高い芸術性のある組み合わせで表現した。キーホール後に「ウィング3」などというようにハートインハートを施すもよし、残ったミルクでロゼッタやスワンを描くもよし。キーホールを描く技術が備わっていればバリエーションの幅も広いだろうから色々チャレンジしてほしい。

NYC KEYHOLE
1-1-4-1

エヌワイシーキーホール1-1-4-1

キーホールを施して
「NYC 1-1-4-1」をアレンジ

私のオリジナルの作品の一つ。「NYC 1-1-4-1」のモチーフ（P.86）のハートインハートの部分にキーホールの技術を組み込んだものだ。一般のお客様がフリーポアラテアートを目で見る機会はまだまだ少ないが、このラテアートの描かれる様子は「魔法か」と錯覚するほど見ている者を魅了するのではないだろうか。色々な描く技術がある中、何かに流されることなく自分の美学を貫き、その中で技術を高めた結果生み出すことができた。いまだに私にとっても高難度なラテアートである。

MOVIE
▼

EXPERT エキスパート

ウィングを描く

1

かさ上げ（液体のかさはカップの半分くらい）をして対流止めを行った後、カップを俯瞰し、ミルクを再び投入してウィングを作る。ピッチャーの振り数は9回～12回程度。この後の工程で「1-1-4-1」と「キーホール」という2つの高度な技術を用いて描くが、まずここでバランスのとれた美しいウィングを描くことがとても重要だ。先の描くデザインが何であろうと、落ち着いて確実にウィングを表現しよう。

「キーホール」を施した「1-1-4-1」を描く

「1-1-4」を描く

1-1-4-1のうち「1-1-4」の部分を描く。1-1-3までは描き方は変わらず、4つ目のハートインでキーホールを描く。これも尾崎氏のキーホールと同様、ミルクの流量と距離感を意識しよう。やや高めの位置から多めのミルク量をスピーディーに丁寧に注げば描くことができる。また、茶色がやや薄くても、このモチーフの場合はトップハートを描く際、そのドットが切る際に薄い部分を吸い込んでくれるので、色の濃さにこだわるよりも全体のバランスを意識して描くことが重要である。

トップハートを描いて「1-1-4-1」を仕上げる

キーホールを描く時に多めのミルクを要するため、ピッチャーの中にはほとんどミルクが残っていない状態でトップハートを仕上げなければならない。この際、ピッチャー内部のミルクの残量の把握とピッチャーの扱いが巧みでなければトップハートは描けない。まずは、常にミルクの残量を意識しながら描くことが重要だ。そして、ミルクを乗せるイメージでカップ全体のバランスのとれる場所にドットを作る。ミルクが液面に乗ったら、ピッチャーだけをスライドさせるのではなくカップ側の手をピッチャーの進行方向と逆方向に数ミリ動かすことにより、ごく少量のミルクでもトップハートを描くことが可能だ。たくさん落としすぎてミルクがなくなってしまわないように注意しよう。

> ### 「NYC KEYHOLE 1-1-4-1」作成のワンポイント
> 難易度は高いが、基本のウィングを落ち着いて描くことが重要。そこから手早く丁寧に注ぎ切ろう。

NYC KEYHOLE 1-1-5-2

エヌワイシーキーホール1-1-5-2

私の表現するラテアートの中で
最もセクシーな作品

「NYC KEYHOLE 1-1-4-1」をさらに進化させたモチーフ。数ある
ラテアートの中で私が特に好きなのはカップの中心から左右に広
がるモチーフだ。その中で究極を探し求めて完成したデザイン。
技術がふんだんに組み込まれていて、見る者すべてを魅了しつつ
も飲み物としての正当性（信頼性）を損なわないという点から、こ
のモチーフには未来永劫愛されてほしいという思いを込めている。

MOVIE
▼

ウィングを描く

「NYC KEYHOLE 1-1-4-1」と同じアプローチでウィングまでを完成させる。高
難度なモチーフを完成させる秘訣としてウィングの精度はとても重要だ。*ター
ナーメソッド*を熟知し完璧なウィングが描けてこそ、このモチーフの芸術
性が生まれると言っても過言ではない。あとの 1-1-5-2 の手数にとらわれず、
完璧なウィングを描くことだけに集中しよう。

「キーホール」を施した「1-1-5-2」を描く

「1-1-5」を描く

この「1-1-5」でキーホールを描いた後にハートイ
ンハートをもう一度施さなければならないため、1
回1回のミルクを投入する際、ミルクを多く使って
しまわないように注意しながら注ぐ。1-1-3までは
描き方は変わらず、ポイントはこの後。キーホール
の直前の 4 つ目のハートインを作る際は、ピッチャ
ーを力強く前進させるイメージでハートインハート
を仕上げる。こうすることによりハートインハート
の上部に余白が生まれ、少量のミルク量でキーホー
ルを描くことが可能になる。NYCのキーホールを描
くには非常に苦労したが、これを見つけた瞬間から
クオリティが格段に向上した。シークレットスキル
にしておきたいほど重要なポイントだと言えよう。
なお、このメソッドは「NYC KEYHOLE 1-1-4-1」に
おいても役に立つテクニックだ。

ハートインハートを描いて「1-1-5-2」を仕上げる

ピッチャーの中にはほとんどミルクが残っていない
状態で仕上げなければならない。常にミルクの残量
を把握しながら描かなければならない上、フォーム
の質感によってもカップとピッチャーの角度も変わ
るので難易度も最上級だ。1つ目のドットは、これ
まで他のモチーフでも紹介した、カップの上部に描
くハートインハートと同じ描き方。ミルクの残量が
少ないため、少量で小さめにドットを浮かばせる。
次にその内部にハートをインさせてハートインハー
トを完成させる。ピッチャーを切る際、ピッチャー
だけをスライドさせるのではなく、カップ側の手を
ピッチャーの進行方向と逆方向に数ミリ動かすこと
により、ごく少量のミルクでもトップハートを描く
ことが可能だ。最後の仕上げは手早く行うだけでな
く、ピッチャーをしっかり握って丁寧に切ってモチ
ーフを完成させる。

Barista Tools

バリスタツール

おいしいコーヒーと究極のカフェラテを作るため、またラテアートをする上でも欠かせないさまざまな器具。ここでは私が日頃愛用するものやおすすめしたいものを集めました。

Pitcher

RWハンドル
フリーピッチャー

私が世界選手権で優勝した時も使用していたRattleware（ラトルウェア）のピッチャー。ラテアートする際のカップとの距離の調整が容易で、腕の動きがダイレクトに伝わる。12oz、20ozサイズがある。写真右は筆者の愛用品。

Revolution
ザ クラシックピッチャー

ミルクのスチーミング、ラテアートの描きやすさ、扱いやすさなどすべてにおいて高い精度を誇る。初心者にもおすすめ。日本のスタンダードモデル。12oz、20oz、30ozサイズがある。

FBCハンドルフリー用
シリコンラバーカバー

ハンドルフリーのラバーは摩耗するので消耗品。このシリコンラバーは使いやすいだけでなく、スパウトの部分の切り込みが描きやすさにもつながる。12oz、20oz用がある。

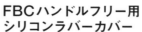

Cup

FBCオリジナル
国産7ozラテボウル

フォームドミルクの対流を非常にコントロールしやすい、絶大的な人気を誇るFBCのオリジナルラテボウル。花紺青色はターナーオリジナルカラー。

ORIGAMI 8oz ラテボウル

7オンスラテボウルよりも1オンス大きめ。お店のレシピによって使い分ける。大きめのカップを使用する際はこのカップを使用。カラーバリエーションも多く、お店のカラーにも合わせやすい。

Distributor

OCD / ONA Coffee Distributor

ドーシング後のバスケット内の分配を簡単に均一にすることを目的としたディストリビューターツール。私の監修するほとんどの店舗で使用されている。

Filter Basket

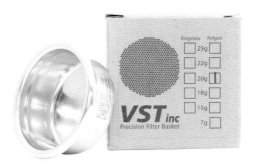

VSTバスケット

抽出面の均一性が優れていて、エスプレッソ抽出が安定する。WBC (World Barista Championship) でも使用されている世界基準のバスケット。

写真提供／有限会社FBCインターナショナル、株式会社ケーアイ

Rubber Mat

コーナーラバーマット

タンピングの際にカウンターや作業台にL字に配置できるため、ポルタフィルターによる台へのダメージが少ない。サイズ感も私好みで、使い勝手も抜群。

Shot Glass

Revolution ロゴ取っ手付き 3oz グラス ショットピッチャー 目盛付き

エスプレッソ抽出時に使用。シングルショット、ダブルショット、ダブルリストレットと、どのショットにもジャストフィット。カップに注ぐ時の使いやすさなども抜群。

Tamper

FBCハンドルトップロゴ入り オリジナルタンパー

適度な重さと正確なベースサイズのタンパー。タンパーを選ぶ際は手の大きさによって好みが分かれるが、誰が持ってもなじみ、扱いやすいハンドルが特徴。

Rinser

ピッチャーリンサー

手を濡らさずピッチャーの中のミルクを数秒で洗うことができる。作業の効率化を図り、他の作業や接客の質を高めることができるため重要なツール。

Knock Box

ノックシュート （スクエア、ロング）

エスプレッソ抽出後のコーヒーの粉を捨てる時に使用。カウンターに埋め込む、またはゴミ箱と連結するなど、空間に合わせた配置を施せば効率化の大幅アップにつながる。店づくりの上で早めに厳選することをおすすめする。

Scale

acaia Lunar （アカイア ルナー）

エスプレッソの抽出時の計測に使用。カップを置いた瞬間に計量がリセットされ、抽出時間の計測がスタートする機能などもあり、エスプレッソ抽出時の手順が大幅に簡略化される。

COFFEE FEST LATTE ART WORLD CHAMPIONSHIP

ラテアート大会出場のススメ

世界中から予選を突破した64名の競技者がアメリカに集結し、
年に3回開かれている「コーヒーフェストラテアート世界選手権」（以下COFFEE FEST）。
2015年にこの大会で優勝した私は、その後も年に2度ほど出場を続けている。
優勝してもなおこの大会に出場し続ける理由は、
やはり他には変えようのない魅力があるから。その魅力と大会に向き合うために
必要な姿勢のようなものをここで伝えられたらと思う。
そして、皆さんにとっても今自分がチャレンジしたいことや、
この先の自身の歴史づくりに私の経験や考えをぜひとも参考にしてもらえたらと思う。

意識を変えることが良い結果につながる

大会との出会い

2009年の暮れ頃、私は東京に住んでいて、ちょうど10年追い求めた音楽の夢への終止符を打ったところで岐路に立たされていた。さあ、何をしようと考えていた矢先にたまたま知人からの紹介で飛び込んできたのがカフェの仕事だった。それと同じタイミングで、2008年にCOFFEE FESTでアジア人で初めて優勝した澤田洋史氏の存在と、凄さを知ることになる。「どんな世界にも物凄い人がいるもんだ。見よう見まねでラテアートをやってみたが全くできない」。ラテアートの難しさ、魅力、そしてラテアートが自分を取り巻く世界を変える可能性をもっていることを全くの初心者の時点で感じることができた。私にとっては、最高峰のアスリートと澤田氏の存在はスポーツやエンターテイメントの観点からも全く引けをとらない。ラテアートの世界の偉大さや魅力に私は瞬く間に引き込まれた。

しかし、自分には無縁な世界だと感じ、自分が競技者なんて恐れ多いと思い、出場のことを全く考えることなく月日ばかりが過ぎていく。ある日、自分の技術がまだまだな状態でありながらも、「どうせやるなら世界一を目指そう！」と意識を変えたことから、私の脳内でCOFFEE FESTにスポットライトがあたることになる。それから、2013年の6月だった。山口淳一氏や赤川直也氏のラテアートのセミナーに参加したり、国内のバリスタと交流をもつようになった。自宅やカフェで英語の勉強に励み、2014年に初めてパスポートを取得、この年COFFEE FESTに初出場を果たした。そして5回目のチャレンジとなった2015年6月のシカゴ大会で優勝することができた。

優勝できた理由として最も大きいのは「意識」であった。世界選手権と呼ばれるような大会に出るためには、考えも練習量も、体調管理や自己表現も世界基準であるべきだと考えて日々行動し、それがやがて実を結んだのだろう。

2020年3月、COFFEE FEST出場のために訪れた N.Y. で、
準優勝のトロフィーを手にする筆者。

大会の魅力

COFFEE FESTの魅力はなんといっても「食」と「エンターテイメント」を兼ね備えた競技としては最高のステージであり、そこで競技に挑めるという点。まだまだこの業界（コーヒー競技会）はエンターテイメントの面では発展途上であり、サッカーや格闘技などのあらゆるスポーツにおけるスポンサーのビッグマネーなども奏功して創り出されていく競技のステージなどと比較するとまだまだ見劣りする部分は否めない。

しかし、競技のほど良いスピード感やコーヒーを熟知した著名人による大会進行、コーヒーショップでの実践的な提供レベルを全く損なうことなく組み込まれた大会レギュレーションなど、ラテアートだからこそ創り出される世界観が唯一無二であり、競技者である自分たちを奮い立たせてくれる。日本にも同様に

二〇一八年まで行われたCOFFEE FEST 東京大会や、それに近いエキサイティングな大会もあるが、完全アウェーの地でアメリカのバリスタや世界中のバリスタと相まみえ、勝ち進んでいく感触は現地でしか味わえない。

大会の審査項目は全部で7つ。スピードや、創造性と難易度、エスプレッソの茶色とフォームドミルクの白色のバランスや模様のキレなど、合計7つのカテゴリーを基準に競う。それらを3人のジャッジが審査するのだが、人が審査をする以上、個々人の主観も必ず含まれる。そう、決してアートの良し悪しだけが勝敗を決めるわけではない。試合の勝者をジャッジがどのように選ぶのかなど何個あっても足りないようなドキドキを最低6回味あわなければならない。いや、ここまで来たら味わうこと自体が勝利のご褒美であり、準備してきたことが本当に無駄ではなかったと感じさせてくれる瞬間だ。ラテアートの競技に興味をもったバリスタにはぜひともこの感覚を味わってもらいたいと思う。

ようにアメリカのすばらしいジャッジたちに伝わるのか、そういった点まで正直相手が見ているのか、そしてそれが実際に見えない加点につながるのか誰もわからないことではあるが、そういう面をすべて味方にできるよう準備することもかけがえのない魅力の一つだ。そして、家を出てから、アメリカのホテルにチェックインするまでだいたい20時間は要す。そこまでしても、もし1回戦で負けたら現地での競技した時間はたった3分。そのような結果で終えても自分にとってはその後の生き方を大きく変えられるほどの経験になると私は考えている。3位以内のトロフィーを得るためには、この心臓が何個あっても足りないようなドキドキを

この競技は、たった3分間、息を止めるわけでもなく重いものを持つ力競技でもないのに、とにかくこの3分間の集中を続けることは至難の技。時差ぼけや食事の違いなども最終日には体に影響が出始め、1試合ごとに体力はむしばまれていく。そんな中でも、この瞬間に常に自分らしく立ち続け、力を発揮し続けられれば勝利への可能性は上がる。さらにはその現場の空気感を自分のものにできれば、この世界における一つの究極のエンターテイメントを創造するためには日々あらゆる面において自分がどのように向き合うかも

競技者としての心得

私はCOFFEE FESTに出場を続け、2017年から4年連続で決勝の舞台に立っている。ただ悲しいことに、最後の最後に何か小さなミスをおかすなどして頂点を逃してしまっている。

チャンピオンになる人間としての自覚を常にもって行動する

©SLOW POUR SUPPLY ©Rob Sykes

©SLOW POUR SUPPLY ©Zac Santanello

©Sayaka Ishida

©Sayaka Ishida

©Niki Kudo

1 COFFEE FESTで競技に挑む筆者。2021年現在、1回戦あたりの競技時間は2分30秒になっている。
2 ヘッドジャッジである Chris Deferio氏、Terika Raak氏、そして 2018年の COFFEE FEST世界チャンピオン Ujae Lee氏、この 3名による厳正な審査が行われた。
3,4 優勝者アナウンスの瞬間。決勝戦はアメリカ 対 日本というような空気だった。大喜びする現地のバリスタたち（写真3）と尾崎数磨バリスタに慰められる筆者（写真4）。
5 個人競技でありながら互いをサポートし合う様はまさに ˚one team。。

重要になってくる。

私はラテアートの指導やカフェのコンサルタントで生計を立てているが、それと並行してコンペティター（競技者）でもある。コンペティターとしての自分が常に第一線で戦い続けるためには日々の生活でも意識を常に開かせておかなければならない。日々のそういった「姿勢」はこの競技だけではなく色々な目標にもつながるはずだ。

たとえば、次の大会出場が決まれば、もちろん「頂点」を目指して練習に励む。しかし、頂点到達のことばかり考えることにより、時にはメンタルがやられることもある。前が見えなくなって練習も億劫になる人だっている。それとは考えず「線」として捉えるのだ。私の場合は、その頂点を「点」

大会でもし優勝できたら、チャンピオンホルダーとしての新たな1日が始まる。負けたら負けたで悔しくて泣くこともあるだろう。私自身、出場をやめたいと思うこともこれまでに何度もあった。それでも結果立ち上がってきた。なぜならその出場は「線」でしかないから。これを「点」で考えてしまうことが、私の場合はプレッシャーになるということを早い段階で気付くことができた。そして「大会はある部分エンターテイメントである」という認識を絶対忘れないことも大切だ。今、ゴールデンタイムに民放でCOFFEE FESTの競技が放送されたとしよう。私はお世辞にも自分の競技がテレビを通して、他のスポーツに負けないくらいの感動を多くの人に与えられるかというと、今の時点では不可能だと思っている。それは素直に認め、それでもいつかはその境地にいけるように考えて行動することが大事だと思っている。その意識を常にもっていると、自分の発言や行動を、他の業界の一流の人たちと比べるようになる。それを日々考えていると、いかに自分は未熟かと痛感する。しかし、常に最高の手本となる人たちと比べることにより意識は変わり、それが結果として、大きな競技のステージでも物怖じせず挑むことができるようになる。

仲間の大切さ

競技者としての心得を自分らしく体現し、努力を続けることにより結ばれていく仲間の輪も大きな財産になる。アメリカに渡って競技に挑むと、自然と他の日本人選手をココロから応援することができる。最終的には競い合う相手になるかもしれないのに全員が同じ日本人選手の応援にかけつける。2020年3月のCOFFEE FESTニューヨーク大会では、ニュージーランドから来ていたバリスタ・上野貴士氏や、日本で長くバリスタとして従事している台湾人のHossy Pan氏にも同じ声援が送られた。我々が"one team"であること、そしてこの競技に携わる世界中のバリスタが仲間だ。この感覚をココロの奥深くじわじわと地鳴りのように現地で感じられることもこの大会のすばらしさであり、これを経験した上でのお客様への一杯もまた変わるのだ。

大会出場を通して "一杯の価値" を高め続ける

努力が足りなければ、負けた時に愚痴をこぼす、ジャッジを批判する、仲間の勝利を手放しで喜ぶことすらできなくなる。これらは陥りやすい感情の一つひとつであるが、決して競技者としては誇れるマインドではないと思う。私も幾度となくそういう態度や感情に支配されてきたが、それを一番はねのけることができるのは自分の根底にある「これだけやった」という努力である。もちろん絶対に努力が実を結ぶ保障はない。しかし、常に世界を基準に捉え、多くの人をあなたの行動で魅了したいと考えるのなら誰よりも努力することを続けてほしい。そうすることにより周りに流されることなく、自分のするべきことに常に集中することができるのだ。

「誰よりも努力する」、これは最低条件だ。今、自分が挑もうとしている何かが大きいと感じるのならば、最低限これは押さえなければならない。

大会に挑み続ける理由

私は冒頭で「優勝してもなお（COFFEE FESTに出場し続ける）」という言葉をあえて使った。なぜかというと「やりたいことはとことんやり通せ！」と伝えたいから。私は2015年のCOFFEE FE

ST優勝時に、チャンピオンとしてこの競技を終えることも一つの決断としてよかったのではと当時は思うことがあった。しかし、それ以上に「もう一度チャンピオンになりたい」という想いが強かった。

負けることにより価値を落とすという、なぜかこの理解できない評価基準のようなものが競技においてとりついている。しかし、それは幻である。そんなことは決してない。私はその後何度も負けを経験しているが、自分の価値を落としたことは一度もないと思っている。どのような競技においても勝ち続けることがすべてではない。今だっているあらゆる道のりやキャリアをどのように生かしながら前進するかが重要だと考える。

たとえば、サッカーでいう王国ブラジル。ワールドカップ前回大会を優勝していようが、次の大会も出る。そして結果が振るわなくても、たえ一次リーグで敗退しようが王国に変わりはない。前述したように、他の業界の一流と比べることを習慣化していれば、ふとした時に、自分の不必要な悩みがいかにちっぽけだったかにも気づかされるのだ。

優勝した後、新たなステップアップで違う分野の仕事に移ることも物凄く勇気のいること。そして私のように戦い続けることも決して悪いことではない。自分が正しいと思うことは諦めずやり通してほしい。

私たちバリスタがお客様に提供する一杯のコーヒー。その裏側にはバリスタのたくさんの努力や感動があり、見てきた景色や仲間がいる。そういったことも含めて"一杯の価値"として一人でも多くの人に伝わればと思う。お客様にそう感じていただけるように、常にこの世界を盛り上げていけるように私は努力を続けていきたい。

1　大会に参加するだけでなく異国の地を仲間と一緒に歩くこともバリスタとして大きな経験となる。

2,3　競技終了後にアフターパーティーとして連夜行われるLatte Art Throwdown。スピード感のある大会進行や音楽はまさに究極のエンターテイメント。私は審査員として参加。

4　青く輝く伝統的なこのトロフィーは20年近くの間、変わらぬカタチで勝者に手渡される。ラテアートのコンペティションに挑戦するバリスタにとっては熱望の的だ。

©Sayaka Ishida

©Daisuke Tanaka

©SLOW POUR SUPPLY ©Zac Santanello

©creative photography ©Melisa Ochoa

あとがき

　茶褐色のエスプレッソに浮き上がるミルクの白いライン。初めて浮き上がった瞬間の感動からずっと今でもこのラテアートの世界に魅了され続けています。

　なぜならそこには飲んでくれる人が居る、支えてくれる仲間が居る、競える相手が居てそれらに光を当ててくれる企業や個人の方が居るから。真剣に向き合ってようやく生まれた一杯のラテ。この一杯を通じて生まれる物語が大好きだからです。

　今回、この書籍を作るに至っても、たくさんの人の手助けなくしては成し遂げられませんでした。「伝える」ことの責任と「自分らしく突き進む」という信念、どちらも余すことなく作り上げていくには私一人の力ではどうしようもありません。

　ラテアートのモチーフにおいても、そのモチーフを最初に描いた人、ラテアートの歴史を知る人、そういった方々に直接意見をいただけたからこそ60作品を紹介することができました。

　海外のバリスタの仲間たちにもたくさんのアドバイスをいただきました。つたない英語でも、みんなが「ダイスケ、スゲエじゃねえか！」と言ってみんなが私の想いに賛同して協力してくれたのです。そのおかげもあり一つひとつがすばらしい表現で紹介することができました。

　コーヒーの業界で生きていると、どうしようもなく悔しい経験とも向き合わなければいけません。その内容は人によってさまざまでしょうが私自身もたくさんありました。

　しかし、それを乗り越えられたのは、仲間が居たから。そして自分が常に前向きであったということ。一つ欠ければ自分の人生は大きく変わっていたかもしれません。これまでに出会えたすべての方に感謝したいです。

「ラテアートが得意だ！」なんてとてもじゃないけど言えない自分が、「好き」ということを継続できたからこそ、努力を続けられ世界チャンピオンになることができた。意外にもこの「好き」を続けることはシンプルだけど難しい。だけどその「好き」があってこそ自分、そしてあなただと思うので、このエネルギーをこれからもたくさんの方に伝えていけたらと思います。

〝ターナースタイル〟のラテアートを通じて、皆さんの心が豊かに、そしてこの世界の未来がより明るくなりますように、これからも皆さんと歩んでいけることを心から願っております。

田中大介

Turner / Daisuke Tanaka

大阪府出身。コーヒーコンサルタント、バリスタ。2015年の「コーヒーフェスト ラテアート世界選手権」で優勝（アメリカ・シカゴ）。2017年東京、2018年ロサンゼルス、2019年・20年ニューヨーク大会と、同選手権で4年連続準優勝を受賞。指導者の立場でありながらも競技者としても活動を続けている。

2018年よりフリーランスとして活動開始。「マイナーフィギュアズ」オーツミルクのアンバサダー、ラテアートのスクール運営、大会オーガナイザー、開業サポート、コーヒーのディレクション、カフェ監修など全国各地で活動中。

YouTube ▶ TURNER STYLE coffee channel

Instagram ▶ @_Turner___ または〝Daisuke Tanaka〟で検索

Special thanks to

Advisors

Noboru Ueno
Koh Ueno
Henry Berrios
Sayaka Ishida
Kazuma Ozaki
Arisa Fukuhara

Assistants

Shiori Taniguchi
Yui Miyagawa
Takaaki Murakami
Dydo Kawasaki

Others

David Heilbrunn
Joshua Boyt
David Schomer
Hiroshi Sawada
Junichi Yamaguchi
Nicely Abel
Emilee Bryant
Ryan Soeder

Kenny Smith
Lance Hedrick
Ujae Lee
Antoine Franklin
Chris Deferio
Umpaul
Schroeder Hsieh
Ivy
Ayasi
Hirokazu Azuma
Nobumasa Shimoyama
Naoya Akagawa
Takahiro Ando
Yoshiteru Yoshida
Takehiro Okudaira
Shinji Hayashi
Kouji Kozuka
Yoshiyuki Tajima
Nobuya Wakao
Chiharu Hiramatsu
Miki Adachi
Yosuke Kobayashi
Keiji Okamoto
Tsuyoshi Ohtomo
Naoto Wakabayashi
Makoto Asamoto

Hironori Okada
Wataru Nagase
Hiroaki Ogawa
Yuji Nakano
Mitsuhiro Imamura
Norifumi Yamasaki
Daichi Kumamoto
Yumi Shimono
Takeshi Yoshida
Shinji Takahashi
Sho Hatano
Sugato Takeguchi
Takamichi Yanagi
Mizuho Nakaguro
Mina Tanaka

COFFEE FEST
AKTR
Saturdays NYC
Hoop Coffee & Share Roaster
IKOMA GOURMERT STAND
TASOGARE COFFEE STAND
WAKO COFFEE
FBC International

To all who love latte art.

MINOR FIGURES

SGSジャパン

Imported & Distributed by
wakashouandco
info@wakashou.co.jp
wakashou.co.jp

マイナーフィギュアズ
有機JAS認証 バリスタ オーツミルク

世界初のオーガニックバリスタオーツミルクをご紹介します。コーヒー専門家がコーヒー専門家のために作った牛乳製品の代替品です。100％責任を持って調達された有機の原材料は、植物性の代替品を必要とするバリスタに最適な、絹のように細かいフォームを形成させることができます。

TURNER STYLE
LATTE ART
BOOK

ターナースタイル　ラテアートブック

デザイン　　武藤一将デザイン事務所

編集　　　　稲葉友子

　　　　　　北浦岳朗（旭屋出版）

撮影　　　　後藤弘行（旭屋出版）

発行日　2021年5月25日　初版発行

　　　　2023年3月31日　第3版発行

著者　　　　田中大介

発行者　　　早嶋　茂

制作者　　　永瀬正人

発行所　　　株式会社　旭屋出版

　　　　　　〒160-0005　東京都新宿区愛住町23番地2　ベルックス新宿ビルⅡ6階

　　　　　　TEL：03-5369-6423（販売部）

　　　　　　TEL：03-5369-6424（編集部）

　　　　　　FAX：03-5369-6431

　　　　　　https://asahiya-jp.com

　　　　　　郵便振替00150-1-19572

印刷・製本　株式会社シナノパブリッシングプレス